CLV

Paul White

Nilpferd-Geschichten

clv

Christliche
Literatur-Verbreitung e. V.
Postfach 11 01 35 · 33661 Bielefeld

1. Auflage 2009 (CLV)

Originaltitel: Jungle Doctor's Hippo Happenings
Originalverlag: The Paternoster Press, Exeter, Großbritannien
Deutsch von Isabel Fuchs

2009 by CLV · Christliche Literatur-Verbreitung
Postfach 11 01 35 · 33661 Bielefeld
Internet: www.clv.de

Umschlag: typtop, Andreas Fett, Meinerzhagen
Satz: CLV
Druck und Bindung: CPI – Ebner & Spiegel, Ulm

ISBN 978-3-86699-113-2

Inhalt

Vorwort

Daudi schaute aus dem Fenster des Krankenhauses heraus und schüttelte langsam den Kopf.

»Heute Abend nicht. Ich kann euch keine Geschichte erzählen, denn eine große Krankheit ist in unserem Teil Ostafrikas ausgebrochen.«

»Welche Krankheit, Großer?«

»Sie heißt Pocken und ist eine Seuche. Sie hinterlässt Narben auf der Haut. Oft werden Menschen davon blind, und manchmal stirbt man sogar daran. Wir treffen Vorbereitungen, um mit einer besonderen Behandlung vorzubeugen, dass alle daran erkranken.«

M'gogo stand hinter den Zwillingen Tali und Kali und sagte: »Können wir dabei helfen?«

»Erzähl uns mehr davon, und wir werden es weitererzählen«, sagte Elisabeth, die Tochter des Schulmeisters.

Nun vernahm man die Stimme des Dschungeldoktors hinter Daudi: »Daudi, diese jungen Freunde könnten uns ganz nützlich sein. Erzähle ihnen alles und ...« Seine Stimme verstummte.

Daudi lächelte und nickte. »Hört gut zu. Wir treffen uns beim Sonnenuntergang unter dem Buyubaum. Heute Abend werde ich euch keine Geschichte erzählen, aber ihr werdet etwas sehen, was euch verwundern wird. Und vergesst nicht, dass wir auf eure Hilfe angewiesen sein werden.

»Oh, Tembo, Buana möchte, dass du jetzt mitkommst und zusammen mit den Krankenhauspflegern geimpft wirst.«

»Was heißt geimpft?«, fragte Yuditi.

»Das werde ich euch unter dem Buyubaum erzählen«, antwortete Daudi.

Am späten Nachmittag standen die Kinder aufgeregt beieinander. Tembo stieß zu ihnen. »Hongo, ihr braucht keine Angst zu haben.«

»Heee!«, sagte Elisabeth, »ich kann das nicht ausstehen, wenn man eine Nadel in meinen Arm sticht.«

»Koh«, meinte Tembo, »das tut doch nicht weh. Im Übrigen stechen sie dich nicht mit einer Nadel. Sie kratzen nur die Haut ganz leicht.«

»Wieso weißt du das alles?«, fragte Dan.

»Ich habe doch zugesehen, wie dein Vater und der Doktor alle Krankenhauspfleger geimpft haben. Und dann wurde ich ebenfalls geimpft.«

»Wo?«, fragte Yuditi.

Tembo krempelte seinen Ärmel hoch.

»Koh, ich kann ja gar nichts sehen.«

»Ich habe euch doch gesagt, dass es nur ein kleiner Kratzer ist«, antwortete Tembo.

»Hongo!«, schrie Elisabeth, »schaut, da kommen sie – Buana Daudi und der Doktor.«

Einen Augenblick später breitete der Dschungeldoktor ein Handtuch unter dem Buyubaum aus. »Ich möchte, dass ihr alle aufmerksam zuschaut, damit ihr alle versteht, worum es geht, und es anderen richtig weitersagen könnt. Tembo, du hast doch heute gesehen, wie wir Menschen impfen?«

»Eheh, Buana. Ich habe meinen Freunden mitgeteilt, dass es ein kleiner Kratzer ist und sie davor keine Angst zu haben brauchen.«

»Was du sagst, stimmt. Willst du das beweisen, indem du mich impfst?«

Dem Jungen fielen fast die Augen aus dem Kopf.

»Eheh, Buana, ich würde es tun, wenn du es mir erlaubst.«

Der Dschungeldoktor lächelte. »Ich möchte es.«

Tembo lief zum Krankenhaus, um sich die Hände zu waschen.

Keuchend kam er wieder angelaufen und hob ein kleines Glasröhrchen mit einer milchigen Flüssigkeit darin vom Handtuch auf. Er brach beide Teile ab, hob ein feuchtes Tuch auf, rieb damit über den Arm des Doktors und ließ dann einen Tropfen Flüssigkeit auf dessen Oberarm tropfen. Dann kratzte er mit einer Nadel dreimal leicht die Haut etwas auf.

»Tat es weh, Buana?«, fragte Yuditi.

»Nein, kein bisschen.«

Tembo legte die Nadel wieder hin. »Ich bin fertig, Buana.«

»Eheh«, sagte Daudi, »und das ist alles, was getan werden muss, um dieser bösartigen Krankheit die Zähne zu ziehen und die Pranken abzuschneiden, damit sie sich nicht mehr wie ein Buschfeuer verbreiten kann.«

»Buana«, sagte M'gogo, »impf mich jetzt.«

»Impf uns alle!«, schrie Elisabeth.

Als alle geimpft waren, schauten sie sich lächelnd an. Kali fragte: »Muss sonst nichts mehr getan werden?«

»Nein. Aber in fünf Tagen wird da eine kleine Blase entstehen, etwa so groß wie ein Fingernagel. Das wird schnell wieder heilen, und in eurem Blut wird die Kraft sein, gegen diese böse Krankheit anzukämpfen.«

»Buana«, sagte Tali, »wir erzählen unseren Freunden und in anderen Dörfern, wie einfach so eine Impfung ist.«

»Tut das, und ihr werdet das Leben vieler Menschen retten.«

»Wir werden morgen um diese Zeit wieder hierherkommen, Buana. Dann werden wir dir berichten, was wir unterwegs erlebt haben.«

»Gut«, sagte Daudi, »und ich werde euch eine Geschichte von Boohoo, dem Nilpferd, erzählen.«

»Yoh!«, lachte M'gogo, »das wäre wohl schwierig, ein Nilpferd zu impfen!«

Der hilfsbereite Boohoo

Am nächsten Abend saßen einige aufgeregt schwatzende Kinder unter dem Buyubaum. Zuerst waren Tembo und M'gogo eingetroffen, die Gulu, dessen Bein im Gips lag, auf dem Krankenhausschubkarren heranrollten. Weit hinter ihnen kamen langsam Elisabeth und Yuditi. Zwischen ihnen ging ein kleines Mädchen, dessen Augen verbunden waren.

Yuditi sagte: »Buana Daudi wird bald kommen, Liso. Er erzählt herrliche Geschichten.«

»Eheh«, sagte Elisabeth, »wir haben gute Nachrichten für ihn. Es haben viele Menschen auf unsere Worte gehört und sich die Stelle angesehen, wo wir geimpft worden sind. Morgen wollen sie zum Krankenhaus kommen.«

»Viele sind bereits gekommen«, sagten Tali und Kali, die Zwillinge. »Deshalb ist Buana Daudi noch nicht erschienen.«

»Da kommt er«, rief M'gogo aus.

Daudi begrüßte sie lachend. »Yoh!«, sagte er, »ich war damit beschäftigt, Menschen gegen Pocken zu impfen. Die Impfung ist eine gute Erfindung. Aber schaut euch das einmal an.« Er hielt ihnen einen Kasten hin.

»Was ist das?«, fragte Liso leise.

Tembo erwiderte: »Koh! Ist das nicht eine Falle für Tiere?«

»Eheh«, sagte Daudi. »Das sind böse Dinge. Wenn ihr je einmal eine solche antrefft, dann entfernt sie sorgfältig. Und vergesst nicht, der große Könner im Anbringen von Fallen ist ...«

»Satan, der Teufel!«, murmelte M'gogo.

»Hongo!« Gulu betrachtete sein Gipsbein. »Ich möchte nie in eine solche Falle geraten!«

Daudi nickte. »Jede Falle, die hinter euch zuklappt, nimmt euch eure Freiheit und bringt keine Freude. Die weniger Klugen geraten mit weit geöffneten Augen in solche Fallen, doch jedermann gerät einmal in eine Falle – in die tödlichste aller Fallen.«

»Sprichst du von der Falle der Sünde, Buana?«

»Jawohl. Und wie gerät man in eine solche Falle?«

»Indem ich Dinge tue, die nicht gut sind, und die Dinge nicht tue, die gut sind«, antwortete Tembo.

»Kommst du selbst wieder aus der Falle heraus?«

»Nein«, riefen viele gleichzeitig.

Daudi lehnte sich an den Baumstamm und erzählte:

Im dichten Dschungel warf Mwoko, der Sohn des Jägers, eine große Ladung trockenes Gras neben ein dunkles, tiefes Loch, das auf dem Weg war. »Eine gute Falle«, sagte der Jäger, als er sorgfältig das Gras über ein paar leichte dünne Holzstäbe legte, sodass das Loch völlig zugedeckt war. »Die Wände sind so steil wie der Hals einer Kürbisflasche. Wer da hineinfällt, kommt nicht wieder heraus. Mwoko, morgen um die Mittagszeit, wenn es so heiß ist, dass außer dir und mir niemand durch den Dschungel geht, kommen wir hierher zurück und holen uns unser Fleisch und unsere Felle, die wir auf dem Markt verkaufen können. Diese Falle wird sich bezahlt machen.«

Während sie noch sprachen, ging Dic-Dic, die Antilope, am Flussufer entlang. Boohoo, das Nilpferd, döste gemütlich in seinem Lieblingsteich mit den Wasserlilien. Dic-Dic blieb stehen und betrachtete die großen Nüstern, die etwa auf gleicher Höhe wie das Wasser waren.

Plötzlich kam ihr eine freche Idee. Sie lief in den Dschungel und ging zu einem Baum, der mit kleinen kugeligen Blumen bedeckt war. Sie brach einen Zweig ab und kehrte leise zum Ufer zurück. So leise sie konnte, ging sie an Boohoo heran, während sie den Zweig in den Zähnen hielt. Sachte schüttelte sie den Kopf, und eine Wolke von Blütenstaub fiel auf Boohoos Nase.

Eine kleine Welle bewegte sich übers Wasser, dann eine größere. Boohoos Augen öffneten sich. Seine Nase rümpfte sich. »Oh! Oh! Ich muss gleich … ich muss gleich … gleich niesen!«

»Das dachte ich mir«, kicherte Dic-Dic.

Boohoo nieste so kräftig, dass sich die Bäume in der Nähe alle schüttelten. Er stieg langsam aus dem Wasser und starrte auf Dic-Dic.

»Hm! Das war nicht lustig. Ich werde dich – hm – beißen!«

Dic-Dic raste davon – über Büsche und Ameisenhaufen und sagte zu sich selbst: »Blöd, dass er versucht, mich zu erreichen. Das wird er doch nie schaffen, dazu ist er doch viel zu schwerfällig.«

Sie schaute über die Schulter zurück und sah, wie Boohoo langsam dahertrottete. Er war noch weit entfernt.

Vor ihnen sah man einen großen Schatten. Mit einem Satz landete Dic-Dic mitten darin. Eine Wolke trockenen Grases und Blätter schlug ihr ins Gesicht, und sie fiel den Kopf voran in ein dunkles, tiefes Loch.

Als sie sich vom ersten Schreck etwas erholt hatte, sah sie rund um sich herum Erde, und weit über sich entdeckte sie ein Stück blauen Himmel.

Sie versuchte, die Wände hochzuklettern, aber sie waren zu steil. Dann versuchte sie, aus dem Loch zu springen, doch die feuchte Erde hinderte sie daran. Sie schlug wild um sich, aber auch das half nichts. Sie war gefangen. Ihre einzige Hoffnung bestand in dem kleinen Lichtstrahl über ihr, aber plötzlich war auch der weg und es war ganz dunkel.

Sie schaute entsetzt nach oben und sah zwei runde Schatten, die sich langsam über die Öffnung bewegten. Sie drückte sich in eine Ecke und wagte kaum mehr zu atmen. Ihr Herz stand beinahe still, als von oben plötzlich eine tiefe Stimme zu hören war:

»Hm, Dic-Dic, bist du da unten?«

Die Antilope atmete erleichtert auf. »Boohoo! Es tut mir leid ...«

»Schon gut, Dic-Dic. Ich wollte dir nur eine Lehre erteilen. Aber ich hätte nie gedacht, dass du in diese Falle gehen würdest. Hm – warte einen Augenblick.«

Dann wurde es über Dic-Dic wieder hell, und sie hörte, wie Boohoo zu Kifaru, dem Nashorn, sagte: »Die Antilope ist in diese Falle hier geraten.«

»Kleines dummes Tier!«, grunzte Kifaru. »Sollte eigentlich etwas klüger sein. Sie müsste ja doch schauen, wohin sie tritt. Sag ihr, sie solle in Zukunft besser aufpassen und ganz schnell da herauskommen. Ich habe heute im ganzen Dschungel Fußspuren vom Jäger entdeckt. Wenn er hierhin kommt, wird es das Ende dessen sein, der dann da unten liegt.«

»Oh, nein ... ich meine, ja«, stimmte Boohoo zu. »Dic-Dic, Kifaru sagt, du sollst in Zukunft besser auf dich aufpassen. Aber mach dir keine

Sorgen. Ich werde mir ein paar Regeln für dich ausdenken, damit du zukünftig nicht mehr in die Fallen gehst. Nun, Punkt eins ...«

»Ich bin aber in dieser Falle!«, schrie Dic-Dic. »Es ist schrecklich hier unten. Hier sind Dinge, die ...«

»Sicher Schlangen«, antwortete Boohoo. »Die schlimmsten Tiere leben in der Dunkelheit. Nun, erstens: Du musst dich nach Stellen umsehen, die mit Blättern zugedeckt sind. Zweitens: Tritt nie darauf. Das sind ... Wie heißt das noch einmal?«

Dic-Dic flüsterte: »Wird der Jäger bald kommen?«

»Vermutlich. Was hast du gesägt, Kifaru? Oh – das ist aber besorgniserregend. Er sagt, gegen Mittag, Dic-Dic. Das zeigt wirklich, wie sorgfältig du in Bezug auf Fallen sein musst. Drittens ...«

»Boohoo, ich will hier heraus. Und zwar jetzt, bevor der Jäger ...«

Eine fröhliche Stimme unterbrach sie: »Was geht hier vor, Boohoo? Warum zählst du deine Zehen?«

»Hm – das ist eins, zwei, drei. Ja, ich weiß. Aber Dic-Dic ist in der Falle. Ich helfe ihr.«

»Du hilfst ihr? Wie?«

»Nun, schau, ich habe ihr erzählt, wie gefährlich es ist, in Fallen zu geraten. Ich bringe ihr gerade ein paar Regeln bei ...«

»Das wird ihr aber nicht helfen, hier herauszukommen. Dic-Dic, bist du da unten? Ich bin's, Waddel, das Entchen.«

Man hörte Federn flattern, und dann erschien eine kleine Ente am Rand der Grube und starrte hinunter. »Da unten ist es aber dunkel!«, quakte sie. »Das ist doch mehr ein Platz für Schlangen. Schade, dass du nicht Flügel hast wie ich. Du könntest sie bewegen und wärst bald da unten heraus.«

»Aber«, vernahm man Dic-Dics angsterfüllte Stimme, »ich habe keine Flügel und kann mir auch keine wachsen lassen!«

»Bleib ruhig, Dic-Dic«, brummte Boohoo mit seiner tiefen Stimme. »Es ist ganz wichtig, dass du nachdenkst. Red dir selber ein, bis du es glaubst: ›Es gibt keine Fallen.‹«

Die Antilope zitterte und fragte sich, was Boohoo meinte.

Da zeigte sich plötzlich ein Affe am Rand der Grube. Neugierig schaute er hinunter. »Sei nicht mehr traurig, Dic-Dic. Denk scharf nach, und du wirst von selber herauskommen.«

Er klang so fröhlich und vertrauenerweckend, dass Dic-Dic spürte, wie sie wieder Mut bekam.

»Schau dich nach etwas um, auf das du treten kannst. Dann grab dir mit deinen Hufen Stufen in die Wand und klettere hinaus. Das ist ganz einfach.«

Aber als Dic-Dic im Boden herumsuchte, fand sie nichts. Sie versuchte, mit ihren Vorderhufen Stufen in die Wand zu graben, aber es gelang ihr nicht. Ihre Hoffnung schwand wieder, und sie dachte: »Es muss wohl leichter sein, mit Affenpfoten zu graben, als mit den Dingern, die ich habe.«

Je mehr sie sich bemühte, desto trübseliger wurde sie. Es gab keinen Ausweg aus dieser Grube.

Doch Toto, der Affe, hatte eine andere Idee. Er kletterte auf einen Baum, brach einen Ast ab und war im Nu zurück.

»Dic-Dic«, brüllte er, »überlass es mir, und du wirst in einem Augenblick befreit sein.«

Er hielt den Stecken in die Dunkelheit hinunter. Die Antilope reckte den Hals und konnte ihn gerade noch mit ihren Zähnen fassen. Totos Hände hielten das andere Ende fest umklammert, aber der Stecken war nicht lang genug, dass er ihn richtig hätte halten können.

Mbisi, die Hyäne, die zusammen mit dem Geier alles beobachtete, lachte hämisch. »Der Verstand eines Affen reicht wohl nicht, hä?«

Der Geier gab seltsame Töne von sich und begann, sich seinen Schnabel zu wetzen.

Boohoo kam mit seiner Nase ganz dicht an das Loch heran. »Dic-Dic, ich habe mir drei, nein vier Wege überlegt, wie man nicht in Fallen gerät.

Wenn du die kennst, wirst du sie sehr nützlich finden. Ich bin mir sicher.«

Der Geier schaute zur Hyäne, und beide grinsten. Doch Dic-Dic rief leise: »Boohoo, ist es schon bald Mittag?«

Toto war wieder dabei, auf einen Baum zu klettern, um einen besseren Stecken zu suchen. »Wir werden sie herausgeholt haben, bevor ihr ›Kokosnuss‹ sagen könnt!« Er flitzte wieder an den Rand der Grube und hielt triumphierend einen langen, dicken Stecken in der Hand. Er war so dick, dass er ihn fast nicht mit seinen beiden Händen halten konnte. »Dieser ist nun aber wirklich lang genug«, sagte er zu Boohoo, »und er wird auch nicht brechen.«

»Hm – sehr gut«, murmelte Boohoo.

Doch Toto starrte bereits in die Dunkelheit. »Dic-Dic, hier ist ein anderer Stecken. Ein langer und starker. Halte dich daran fest, und wir werden dich im Nu hier heraushaben.«

Aber für Dic-Dics Zähne war dieser Stecken nun fast zu dick, um ihn richtig festhalten zu können.

»Wickle deinen Schwanz darum«, schrie Toto, der Affe, »und halte dich fest.«

Boohoo ging zu Toto, der schwer arbeitete. Er legte sein Vorderbein auf das Ende des Steckens. »Ein – hm – guter Stecken ist das.«

»Geht's dir gut?«, rief Toto aufgeregt.

Dic-Dic konnte nichts sagen. Ihr Mund war fest um den Stecken geschlossen.

»Nun habe ich meinen Fuß an der richtigen Stelle«, hörte man Boohoo sagen. »Jetzt wird er sich nicht mehr bewegen.« Dabei drückte er ihn noch fester hinunter, und der Stecken schoss am anderen Ende in die Höhe.

Dic-Dics Hals schnellte in die Höhe. Ihr Kopf stieß mit einem lauten Knall auf den oberen Rand der Grube, und der feste Griff der Zähne lockerte sich. Da fiel sie wieder hinunter in die feuchte Erde.

»Was ist geschehen?«, rief Toto. »Geht es dir gut? Warum hast du dich nicht festgehalten?«

Dic-Dic war ganz verstört vor Schmerzen und vor Enttäuschung.

»Nun, ich habe meinen Teil geleistet«, sagte Boohoo stolz. »Ich bin immer sehr hilfs-, äh hilfsbereit.«

Voller Prellungen und geschlagen bemühte sich Dic-Dic, wieder auf die Beine zu kommen. Die Angst in ihrem Herzen wurde größer. Sie würde es nie schaffen, aus diesem grässlichen Loch herauszukommen. Sie konnte nun die Sonne sehen. Es musste bald Mittag sein.

Ein weiterer Geier tauchte auf. Die Hyäne leckte sich die Lippen. Boohoo schüttelte traurig den Kopf. »Wie schade. Ich bin mir sicher, wir könnten Dic-Dic helfen, wenn wir nur mehr Zeit hätten.«

Toto saß schweigend da und kratzte sich den Kopf.

Ein dunkler Schatten bewegte sich langsam durch die Bäume und blieb kurz vor der Falle stehen. Die Geier flogen sofort in die Luft, und die Hyäne schlich in die Büsche. Dic-Dics Mund wurde ganz trocken, als sie spürte, wie die Erde unter zahlreichen festen Schritten bebte.

Sie zitterte am ganzen Leib. War der Jäger angekommen?

Sie zog sich ängstlich zurück, als ein langes schlangenähnliches Ding über den Rand der Grube kam.

»Dic-Dic, komm ins Helle!« Es war eine tiefe, freundliche Stimme. Erleichtert atmete die Antilope auf.

»Bist du es wirklich, Nhembo?«

»Ja, ich bin's«, antwortete Nhembo, der Elefant. »Komm da herüber, wo ich dir helfen kann. Das ist dein einziger Ausweg.«

»Aber ich habe schon so vieles versucht, und ich bin immer noch hier drin. Und die anderen haben es auch versucht.«

Waddel, das Entchen, flatterte ganz aufgeregt mit seinen Flügeln.

»Schnell!«, quakte es, »der Jäger ist ganz in der Nähe.«

»Vertrau mir«, sagte Nhembo ruhig, »überlass es mir. Stell deine Füße so hoch du kannst.«

»Ich kann mich aber nicht gut an etwas festhalten«, jammerte die kleine Antilope.

»Das brauchst du auch nicht. Ich halte dich.«

Dic-Dic entdeckte plötzlich eine Wurzel in der steilen Wand. Darauf stellte sie ihre Vorderläufe. So konnte sie sich gut abstützen. Sie spürte, wie sie sich innerlich veränderte. Nhembo hat gesagt, dass er ihr helfen könnte, und seine kräftige Umklammerung vermittelte ihr dasselbe Gefühl.

»Schau nicht zurück. Schau nicht nach unten. Schau nur auf mich«, sagte der Elefant.

Dic-Dic spürte, wie sie aus dem Dunkeln herausgehoben wurde. Sie spürte, wie ihre Füße wieder festen Grund unter sich fühlten. Sie schaute sich um. Sie war gerettet. Ihre Augen sagten viel mehr »Dankeschön«, als sie es mit ihrem Mund hätte sagen können.

Nhembos Worte waren klar und deutlich: »Komm mit mir. Lass uns hier weggehen. Und je näher du bei mir bleibst, desto sicherer bist du.«

Das kleine Mädchen mit den verbundenen Augen hielt ihre Hände Daudi hin: »Großer, ich befinde mich in einer Falle: in der Falle der Sünde. Ich weiß, dass ich darin bin. Wer kann mir helfen?«

»Gottes Sohn, Jesus, ist der Einzige, der dir helfen kann«, sagte Daudi sachte. »Wenn du ihn bittest, dir deine Sünden zu vergeben, wird er dich aus der Falle der Sünde herausheben und dir zeigen, wie du leben sollst – durch die Bibel.«

Die Stimme des Mädchens klang ganz traurig. »Wenn die Ärzte nichts für meine Augen tun, werde ich nie die Bibel lesen können. Dann werde ich es nie wissen.«

Daudi schaute sich um. Elisabeth nickte. »Wir werden dir helfen und dir laut vorlesen.«

»Ngheeh!«, sagte Daudi. »Das ist der beste Weg, den Fallen den Todesstachel zu ziehen. Und es ist eine ganz andere Hilfe, als die, die der hilfsbereite Boohoo leisten konnte.«

Boohoo und der Spiegel

M'gogo hatte das Kinn aufgestützt. »Woher weißt du das alles über die Pocken, Buana Doktor?«

»Aus den Büchern, M'gogo. Schau dir dieses an. Es berichtet ausführlich über die Seuche. Wie sie beginnt, wodurch sie verursacht wird, welche Narben sie auf der Haut hinterlässt und wie sie die Augen oder das Leben bedroht. «

»Wo ist der Buana?«, hörte man Talis angsterfüllte Stimme.

Er kam durch das Tor gelaufen und raste auf die Tür zu. »Schnell, Buana, Kali hat einen Knochen verschluckt, und er erstickt fast!«

Eine kleine Menschengruppe kam den Hügel hinaufgeeilt. Allen voran ging Baruti, der Kali trug. Der Dschungeldoktor ging schnell in den Operationssaal und legte ein paar Zangen und einen Chirurgenspiegel mit einem Handgriff bereit.

Baruti stand an der Tür. »Hodi, Buana?«

»Karibu, komm herein, Baruti. Leg ihn hierhin. Bleib schön ruhig liegen, Kali, damit ich gut in deinen Hals sehen kann. Mach deinen Mund weit auf, und entspann dich, so gut du kannst. Dreh deinen Kopf etwas. So ist gut. Der Spiegel zeigt jetzt deutlich den Knochen. Daudi, gib mir bitte die Zange.

Kali, versuche nicht zu schlucken. Es wird nicht sehr wehtun.«

Die Augen des Jungen gaben zu verstehen, dass er verstanden hatte. Ein kurzer Augenblick, und der Knochen war draußen.

Danach wollte Kali den chirurgischen Spiegel betrachten. Es war ein ganz besonderer Spiegel, der die Form eines kleinen Soßenlöffels hatte. Er hielt ihn dicht vor sein Gesicht und sah seine Nasenspitze. Dieser Spiegel ließ seine Haut wie die des Nilpferds aussehen.

»Kah, dieser Spiegel sagt nicht die Wahrheit, Buana Daudi. Er vergrößert ja alles ganz stark.«

»Das stimmt, aber dieser Spiegel ist sehr nützlich, um Knochen und andere Gegenstände zu finden, die dir im Hals stecken. Möchtest du eine Geschichte hören, die dir hilft zu verstehen, warum der normale Spiegel immer genau das zeigt, was er sieht?«

»Immer?«, fragte Kali.

»Genau?«, fragte Tali.

Daudi nickte.

»Erzähl es uns jetzt, Buana Daudi.«

Daudi lächelte. »Jetzt muss ich arbeiten. Beim Sonnenuntergang ist es dann wieder Zeit für Geschichten.«

Beim Sonnenuntergang beobachtete Daudi, wie Tali und Kali Gulu aus dem Schubkarren hoben und ihn auf einen dreibeinigen Hocker setzten.

»Ist der Fuß des Nilpferds größer als dieser Hocker?«, fragte Gulu.

»Etwa zwei- bis dreimal so groß«, sagte Daudi.

Eines Tages schauten Dic-Dic, die Antilope, und Toto, der Affe, Boohoo, dem Nilpferd zu, wie es seinen großen Fuß in einen Teich neben dem Fluss stellte und voller Erwartung aufs Wasser starrte. Doch alles, was Boohoo sah, waren Wellen und kleine Dreckwirbel.

»Das passiert jedes Mal«, beklagte sich Boohoo, das Nilpferd, »und ich möchte doch so gern sehen, wie ich genau aussehe.«

Toto, der Affe, der große Probleme hatte, seine Kokosnuss zu knacken, beobachtete ihn und hörte, wie er murmelte: »Es wäre schlimm – hm –, wenn ich wie Tante Soso oder gar Vetter Bobo aussähe; es ist – hm – beruhigend, dass ich so – hm – wie heißt das Wort nun wieder?«

Nun gähnte er aus vollem Hals, und Dic-Dic, die Antilope, schüttelte sich, als sie die großen unebenen Zähne sah und ein Maul, das wie ein großer Keller aussah. Sie fand Boohoos Nase sehr hässlich, besonders die Borsten, die darauf waren.

Plötzlich kam Toto ein Gedanke. Er gab Dic-Dic ein Zeichen, und gemeinsam liefen sie zum Wasserrand hin. Toto sagte höflich: »Boohoo, du hast wunderbare Zähne.«

Boohoo blinzelte: »Hm – was hast du gesagt, kleiner Affe? Ach, so, ja, die Zähne. Sehr nützlich und – hm …«

»Gut aussehend«, sagte Toto schnell. »Wenn ich dir zeigen könnte, wie gut du aussiehst, würdest du dann diese Kokosnuss mit deinen schönen Zähnen für mich öffnen?«

Boohoo kam ganz schnell aus dem Teich heraus. »Hm – gut aussehend. Ja, das war das Wort, was ich suchte.« Ein Teil der Niedergeschlagenheit verschwand von seinem Gesicht. »Es ist ein großer Unterschied, ob man gut aussieht, Toto. Man fühlt sich dann ganz anders.«

Toto nickte. »Ja. Und du hast so schöne starke Beine. Hm – kannst du mir nun meine Kokosnuss knacken?« Ungeduldig scharrte er mit seinen Füßen.

Boohoo betrachtete strahlend seine mit Dreck bedeckten Beine. Stolz sagte er: »Ich kann wie ein Fisch schwimmen.« Er hob ein Bein nach dem anderen und schaute sich jedes gründlich an, bevor er sagte: »Ich mag zum Beispiel an meinen Beinen, dass ich sie sehen kann. Es wäre schön, wenn – hm – aber ich habe ja ganz vergessen: Toto, wirst du mir wirklich genau zeigen, wie ich aussehe? Werde ich auch meine – hm – Augen und meine – hm – Ohren sehen können?«

»Aber sicher!«, sagte Toto und hüpfte von

einem Bein auf das andere, »doch wann wirst du mir meine Kokosnuss knacken?«

»Hm – Kokosnuss? Ohhh, diese da. Du willst also, dass ich sie knacke? Das kann ich ganz leicht. Leg sie zwischen meine Zähne.«

Das tat Toto und stellte sich schnell zur Seite, als Boohoo sein großes Maul schloss. »Öffne dein Maul!«, bat Toto. »Boohoo, bitte öffne es wieder.«

Das Nilpferd schluckte langsam und sagte dann: »Was meinst du, kleiner Affe, ich soll mein Maul öffnen?«

»Bitte!«, schrie Toto. »Und schluck nicht meine Kokosnuss herunter.«

Als sich das große Maul wieder öffnete, hörte man Boohoos Stimme, die ganz tief klang: »Du willst also nicht, dass ich sie hinunterschlucke?«

Flink sammelte Toto alle Teile der Kokosnuss, die noch nicht verschwunden waren. Er wich unwillkürlich ein paar Schritte zurück, als Boohoo zu reden anfing: »Nun, zeig mir, wie ich aussehe.«

Toto wies auf ein altes Haus aus Palmenblättern. »Geh da hinein«, sagte er, »und halte deine Augen ganz weit auf.«

»Der arme alte Boohoo wird einen großen Schrecken bekommen«, murmelte Dic-Dic. Sie drehte sich um und sagte: »Boohoo, tu's nicht …«

Aber Boohoo hörte nicht auf sie. Er war ganz aufgeregt.

Dic-Dic musste schnell aus dem Weg gehen, um nicht unter Boohoos Füße zu geraten, als dieser zum Haus ging.

»Genau wie ich aussehe«, sagte er vergnügt vor sich hin. »Für Tante Soso oder Vetter Bobo wäre das ja ein grausamer Augenblick.«

Er ging durch das Loch, wo einst die Tür war, und sah nichts Besonderes. So zwängte er sich in einen anderen Raum und sah zu seiner Verwunderung ein anderes Nilpferd. Boohoo schloss seine Augen und dachte: »Oh nein, wie schlimm, wenn man so hässlich ist wie – hm – dieses Nilpferd.«

Er bewegte sich ein wenig, und das andere Nilpferd verschwand. »Komisch«, murmelte Boohoo, »ich bin mir sicher, dass eben noch ein anderes Nilpferd hier war.« Er drehte sich langsam und rief Toto zu: »Hast du – hm – zufällig ein anderes Nilpferd hier gesehen?«

Toto kletterte auf eine Palme, schluckte ein Stück Kokosnuss, legte die Pfoten über seine Augen und schaute in der Gegend herum.

»Außer uns ist niemand hier, Boohoo«, rief er.

»Hm – niemand? Wirklich? Bist du dir sicher? Was ist denn mit Dic-Dic, hast du – hm – eins gesehen ...?«

Dic-Dic schüttelte den Kopf. Sie wusste nicht, was sie sagen sollte.

»Komisch«, murmelte Boohoo, »höchst seltsam.«

Langsam, sorgfältig, ging er wieder in das Haus hinein. Da war das Nilpferd wieder. Er schaute von Nahem. Die Füße und Knie sahen ganz wie seine eigenen aus. Ein unangenehmer Gedanke kam ihm. Er sah zwei Augen des Nilpferdes, die ihn in größter Besorgnis anstarrten. Unter ihnen befand sich eine pickelige, borstige Nase, die ganz und gar nicht gut aussah.

Boohoo öffnete das Maul. Das Maul vor ihm öffnete sich auch. Er sah ganz viele große Zähne. Entsetzt schloss er sein Maul schnell wieder. Das andere Maul schloss sich genauso schnell.

Boohoos Überlegungen wurden immer klarer. Er spürte, wie zwei große Nilpferdtränen seine Wangen hinunterliefen. Zwei große Tränen liefen auch über das Gesicht des Nilpferdes, das ihn anschaute.

Dic-Dic, die etwas hinter ihm stand, sagte sanft: »Denk daran, Boohoo, wie gut du schwimmen kannst.«

Aber Boohoo hörte nicht zu. Er überlegte scharf. Langsam erhitzte sich sein Kopf. »Nein! Ich glaube es nicht. Ich glaube es überhaupt nicht.« Er hob seinen großen Fuß und drückte ihn gegen den Spiegel. Es gab einen seltsamen, scharfen Laut. Boohoo rümpfte die Nase. Dann war es still.

Boohoo schaute vor sich hin. Nun starrte ihn kein anderes Nilpferd mehr an. »So ist's besser«, seufzte er. »Oh – hm – gut. Jetzt ist es weggegangen.« Langsam schüttelte er seinen Kopf und ging nachdenklich zum Fluss zurück. »Genau wie ich aussehe. Was für eine blöde Idee. Hm – was für eine – hm – törichte Idee!«

Das Wasser war kühl und beruhigend. Die Wurzeln der Wasserlilien, die am Ufer herausschauten, schmeckten saftig. Boohoo lag im Teich, sodass nur noch seine Nüstern zu sehen waren. Er dachte immer wieder den einen Gedanken: »Ich mag eigentlich keinen Spiegel.«

Daudi schwieg und schaute in die gespannten Gesichter um ihn herum.

Yuditi schüttelte ihren Kopf. »Boohoo ist nicht sehr klug.«

M'gogo malte mit seiner Zehe Bilder in den Sand. »Es war nicht der Spiegel, der log.«

»Das stimmt«, nickte Daudi. »Boohoos Überlegungen waren falsch. Normale Spiegel zeigen das Gesicht genau so, wie es ist, und nicht so, wie man es sich wünscht. Gott hat uns einen großen Spiegel gegeben: die Bibel. Sie zeigt, was in unserem Innern ist. Und wir können genau sehen, was Gott sieht, wenn er unsere Seele ansieht: Es ist ihm nichts mehr verborgen. Nichts wird verschönert. In der Bibel können wir lesen, wie Gott uns hilft, unser Leben zu ändern. Da finden wir die Antwort auf unsere Fragen und Sorgen. Wir finden den Weg, den Gott für jeden Einzelnen von uns vorbereitet hat, und wir können erkennen, welche Aufgabe er für jeden Einzelnen vorgesehen hat. Wichtig ist vor allen Dingen, dass wir diesen Spiegel richtig benutzen und es nicht so machen wie das Nilpferd.«

Daudi schwieg einige Zeit. Dann sagte er: »Was ist deshalb wichtig?«

»Dass wir häufig in Gottes Buch lesen?«, fragte M'gogo.

»Richtig«, nickte Daudi. »Das Beste, man schaut mindestens genauso häufig in den großen Spiegel, wie man in den normalen schaut.«

Aber für Nilpferde gilt das nicht

Kali und Tali gingen eilig zu M'gogos Haus. Sie fanden Tembo, Dan, Elisabeth und Yuditi, die bereits dabei waren, Erdnüsse zu rösten.

»Hongo«, sagte Kali, »in unserer Familie gibt's Probleme. Mein Onkel Mukamu ist so stur und lässt nicht mit sich reden. Er schimpft laut herum und weigert sich, sich impfen zu lassen.«

»Lasst uns gemeinsam hingehen und mit ihm reden«, sagte Tembo.

»Ich fürchte, das wird nicht viel nützen. Er ist völlig gegen die neuartige Hilfe.«

»Wir müssen ihn warnen«, sagte Tembo.

»Er wird ganz schön auf euch schimpfen«, seufzte Tali.

Doch schließlich gingen sie doch hintereinander auf einem langen Pfad, der zu einer Gruppe von Affenbrotbäumen führte.

Tembo war der Vorderste und grüßte Mukamu, der im Schatten saß.

»Großer, wir sind gekommen, um dir von der Seuche zu berichten, die Pocken heißt. Es ist eine schlimme Krankheit, die ...«

»Nyamale! Halt den Mund!«, brüllte Mukamu.

»Aber Großer«, lächelte Elisabeth, »es ist ganz einfach, die Verbreitung dieser Krankheit zu verhindern. Und es tut eigentlich gar nicht weh. Nur die Haut wird ganz leicht geritzt und ...«

»Kah!«, spuckte Mukamu. »Nyamale nye, haltet alle den Mund!«

»Vielleicht hast du recht, Großer«, sagte Yuditi, »mein Arm schwoll ein wenig an in der Woche, nachdem Buana die Haut geritzt hat, aber ...«

»Ich will nichts von dieser neuen Medizin wissen«, schimpfte Mukamu.

»Yoh!«, sagte Tali, »und ich konnte zwei Tage lang nichts essen, aber ...«

Mukamu erschreckte sie mit seinem lauten Gelächter.

Elisabeth stand vor den anderen und hielt ihm ihren Arm hin, damit er ihn selbst untersuchen konnte. »Schau, es ist nur eine kleine Narbe zurückgeblieben, die kleiner ist als der Daumennagel. Aber dank dieser Narbe werde ich diese Krankheit nicht bekommen.«

»Warum?«, schnauzte Mukamu, »warum? Du weißt doch überhaupt nicht, warum?«

»Das steht alles in dem dicken Buch des Buana.«

»Kah! Wieso weißt du, dass das Buch recht hat? Haut ab und steckt eure Nasen nicht in fremde Angelegenheiten. Ich werde das nicht machen!«

»Wir haben dich gewarnt, Großer«, sagte Kali.

Mukamu hob seinen dicken Stecken auf. Die Kinder rannten weg.

Daudi erfuhr die Geschichte am Abend desselben Tages. »Ihr habt richtig gehandelt. Es ist ganz wichtig, dass man warnt. Ihr wisst, wie Boohoo einmal die warnende Stimme des Elefanten hörte, aber dachte, das ginge ihn nichts an …«

»Was geschah, Buana Daudi?«

Sie setzten sich alle unter den Buyubaum.

»Hongo«, sagte Daudi.

In der Nähe der großen Berge, die ihre Gipfel in den Wolken verbergen, blitzte und donnerte und regnete es kräftig. Bald brauste eine große Flut durch den Dschungel.

Nhembo, der Elefant, trompetete lang und laut. Seine Warnung erreichte jedes Ohr im ganzen Dschungel. Einige, die diesen Warnruf vernahmen, eilten in die Berge, wo die Flut sie nicht würde erreichen können.

Aber es gab auch viele, die zwar diese Warnrufe vernahmen und verstanden, aber nichts unternahmen, um sich in Sicherheit zu bringen.

Unter ihnen war Mbisi, die Hyäne, die tief in einem Loch lag, das sie sich selbst gegraben hatte. Es war weich und kühl, nicht weit vom Flussufer entfernt. Hierhin hatte sie einen Vorrat von Knochen gelegt, auf die sie sich bereits freute. »Denkt Nhembo wirklich, die würde ich hier zurücklassen?«, schimpfte sie und verschloss ihre

Ohren vor der Stimme des Elefanten und dem Donner.

Dann war da Slinki, der Schakal, der den dunklen Wolken den Rücken zukehrte und zum leuchtenden Mond hinaufschaute. »Wer wird sich denn schon um Nhembo kümmern?«, spottete er.

Er ging unter einen großen flachen Felsbrocken und rollte sich zusammen. »Hierhin wird kein Regen kommen. Wer hat denn schon Angst vor einem Gewitter? Ich habe schon Hunderte davon gesehen. Noch nie ist der Fluss bis hierhin gekommen.«

Er hörte, wie Nhembo weitertrompetete, diesmal warnte er noch eindringlicher. Doch Slinki zuckte nur mit den Schultern und legte sich schlafen.

Boohoo, das Nilpferd, hörte ebenfalls, wie der Elefant warnte. Es dachte: »Ach du liebe Güte! Gewitter – hm – wühlen den Fluss so auf, dann ist das ganze Wasser schmutzig – das stört meine Nase. Ich möchte klares Wasser, um darin zu schwimmen. Hm – was sagt der Elefant? Oh – hm – Gefahr. Kommt auf die Berge, wo keine Gefahr besteht …«

Besorgt dachte Boohoo: »Hoffentlich werden die anderen das tun. Es ist äußerst wichtig für sie. Aber ich bin anders. Ich kann schwimmen wie ein Fisch. Manchmal bin ich lieber im Wasser als auf dem Land. Es ist – hm – weniger anstrengend zu schwimmen als – hm – zu gehen. Oh, ich hoffe wirklich, dass sie alle darauf hören werden, was – hm – Nhembo sagt.«

Um zu zeigen, was für ein ausgezeichneter Schwimmer er war, tauchte er bis auf den Grund des Flusses und dachte, wie schön die Blitze durch die Blätter der Wasserwurzeln aussähen.

Er dachte: »Ich hoffe nur, dass das Nashorn auf das hört, was es vernimmt. Es ist so schrecklich überheblich. Und schlechte Laune hat es auch oft. Ich bin ...«

Er hatte auf einmal den Eindruck, als würde ihn von hinten ein großes Tier stoßen. »Hör doch auf!«, murmelte Boohoo. »Halt! Du bist – hm –«

Er wurde plötzlich auf eine Seite gedreht, rollte herum und wieder herum.

Bang! Er verspürte einen schrecklichen Schmerz in seinen Hinterbeinen. Er wurde nur so herumgewirbelt im Wasser.

Wau! Fast alle Luft wurde durch einen mächtigen Stoß aus seiner Lunge herausgepresst, der sich so anfühlte, als hätten ihn sechs Elefanten gleichzeitig getreten.

Er verstand plötzlich, dass die Warnung auch ihm gegolten hatte.

Er war ganz unter Wasser. Die Luft in seinen Lungen war fast ganz erschöpft. Überall um ihn herum und über ihm war sprudelndes Wasser. Er wurde zur Wasseroberfläche hinaufgewirbelt.

Erschöpft schnappte er nach Luft. Dabei schluckte er wieder viel Wasser. Er hustete und nieste und – Bums!

Boohoo konnte nicht mehr denken.

Dic-Dic, die Antilope, die weit in den Bergen über der Flut war, sah, wie Boohoo vom Strudel herumgewirbelt wurde. Er kam immer wieder hoch und versuchte zu schwimmen, knallte aber kurz darauf mit dem Kopf auf einen Stapel Steine. Nun warf ihn der reißende Fluss auf eine trockene Stelle. Er lag regungslos da. Sein Kopf ruhte auf einem großen Steinbrocken. Doch immer mehr Wasser sammelte sich da, wo Boohoo lag. Mit Entsetzen sah Dic-Dic, wie die großen Nüstern langsam unter Wasser gingen.

Sie lief den Hang hinunter, sprang über ein paar Teiche und landete neben Boohoo, gerade als dessen große Nase unter der Oberfläche verschwand.

Schnell versuchte Dic-Dic das Wasser um Boohoo wegzuspritzen, sodass er atmen konnte. Aber es nützte alles nichts. Es floss immer mehr Wasser in den Teich.

Dic-Dic atmete tief ein und drückte ihren Körper dann unter Boohoos schweren Körper und versuchte, dessen Kopf anzuheben; doch nichts rührte sich.

Dic-Dic kämpfte so lange, bis ihre starken kleinen Beine einen besseren Grund hatten, und versuchte es dann noch einmal. Sie hatte den Eindruck, dass sich der große Kopf etwas hob. Sie drückte Boohoos Kopf noch einmal nach oben und hatte etwas Erfolg. Doch Dic-Dic wusste, dass sie nicht stark genug war, um diesen schweren Kopf lange hochzuhalten. Ihre Knie taten ihr weh, ihre Muskeln zitterten, und der Rücken begann sich durchzubeugen.

Plötzlich hörte sie trabende Hufe. Dann spritzte es. Unscharf erkannte Dic-Dic die Beine der Giraffe Twiga. Dann nahm der schöne lange Hals das Gewicht von ihren Schultern. »Versuch seinen Kopf mit irgendetwas abzustützen«, bat Twiga.

Dic-Dic fand ein großes Stück Holz. Das legte sie unter Boohoos Kinn.

»Armer Boohoo«, seufzte Twiga, »er ist sehr mitgenommen. Diejenigen, die sich nicht um die Warnrufe kümmern, geraten in große Schwierigkeiten. Jeder hatte gehört, wie Nhembo trompetet hatte: ›Rettet euch! Rettet euch!‹ Und wer darauf gehört hat, befindet sich jetzt in Sicherheit.«

»Aber«, fragte Dic-Dic, »was passierte mit den anderen, die nicht darauf gehört hatten?«

Twiga schüttelte traurig den Kopf: »Ich habe viele gesehen, die von dem tobenden Fluss mitgerissen worden waren. Sie hatten sicher alle ihre eigenen Gründe gehabt, warum sie nicht auf die Warnrufe gehört hatten. Und alle hatten gedacht, dass das besondere Gründe gewesen waren.«

Da öffnete Boohoo langsam die Augen und gähnte. »Oh!«, sagte Twiga, »schau! Es geht ihm gut!« Boohoo strengte sich an, aber seine Stimme gehorchte ihm nicht. Endlich kam von seinen geschwollenen, verletzten Lippen: »Hast du gesagt: ›Gut‹? Oh. Ich hatte gedacht, dass das, was der Elefant gesagt hatte, nicht mir galt. Ohhh …«

Mühsam schleppte er sich zu dem großen Teich auf der anderen Seite und ließ sich hineinfallen. Viele der anderen Dschungelbewohner kamen an ihm vorbei. Sie blieben stehen und schauten Boohoo an. Seine einzige Antwort auf all ihre Fragen lautete immer: »Ohhh … hm … oh …«

»Denkst du, dass Boohoo daraus gelernt hat und das nächste Mal das tun wird, was der Elefant sagt?«, fragte Dic-Dic Twiga, die Giraffe.

Twiga lehnte den Kopf zur Seite. »Wer weiß? Aber eines ist sicher: Alle, die darauf hören, was der Elefant sagt, und seinen Ratschlägen folgen, werden nie und nirgendwo und zu keiner Zeit von den Fluten überrascht werden.«

Die Kinder nickten und sagten leise »Gute Nacht«. Damit verschwanden sie in der Dunkelheit.

Eine Woche später kamen die Zwillinge und besuchten Daudi. »Großer, weißt du, wer die Pocken hat? Unser Onkel Mukamu. Er ist sehr krank.«

»Hongo, wenn er doch nur die Warnung ernst genommen hätte«, sagte Tali, als sie zum Buyubaum gingen.

»Aber«, meinte Gulu, »Boohoo hat sich auch nicht um die Warnung gekümmert, und es ist ihm doch wirklich nichts Ernsthaftes zugestoßen.«

»Hongo«, sagte Daudi, »dass er fast ertrunken wäre, viele gebrochene Rippen hatte, tausend Prellungen – das ist in deinen Augen nichts Schlimmes?«

Tembo lachte. »Nun, er ist aber doch mit dem Leben davongekommen. Aber wenn er weiterhin solche Warnrufe nicht beachtet, was dann?«

»Dann würde er nicht mehr so davonkommen«, sagte Daudi. »Denk daran, Gott ist sehr geduldig. Aber wenn wir uns nie darum kümmern, was er uns tun oder nicht tun heißt, ist es ausschließlich unsere Schuld, wenn wir in Schwierigkeiten geraten.«

»Stehen denn in der Bibel Warnungen?«, fragte M'gogo.

»Ganz viele. Sie sind kurz und deutlich. Es stehen Geschichten in der Bibel, die zeigen, dass starke Männer auf die Warnungen hörten und was mit ihnen geschah, oder wie andere wiederum die Warnungen in den Wind schlugen und was sie erlebten.«

Der gestreifte Esel

»Kah«, sagte Tali, »wir wissen nicht, war wir machen sollen, Buana Daudi. Viele, denen wir sagen, wie wichtig es ist, dass sie sich impfen lassen, antworten uns: ›Vielleicht werden wir zur Impfung kommen.‹«

»Nghee«, stimmte Kali zu, »und andere sagen: ›Vielleicht werden wir morgen zum Krankenhaus gehen.‹ Sie können sich nicht entschließen.«

»Eheh«, sagte Daudi, »ich weiß, was mit ihnen geschieht. Wir werden heute Abend beim Sonnenuntergang darüber sprechen.«

An diesem Abend bewegten sich Gulu und Liso auf dem Rücken eines gutmütigen Esels vom Krankenhaus zum Buyubaum. Als Daudi die Kinder vom Rücken des Esels herunterhob, hob der Esel den Kopf hoch in die Luft und schrie.

»Yoh«, lachte Tembo, »macht er nicht fast dieselben Töne wie das Zebra?«

»Eheh«, sagte Daudi. »Sie sind ja auch nahe Verwandte. Hast du die Geschichte noch nicht gehört, wie das Zebra an seine Streifen kam? Diese Geschichte ist schon ganz alt und stammt aus dem Land der Träume.«

Punda, der kleine Esel, war ganz traurig. Auf seiner Haut war auch nur Traurigkeit zu entdecken. Voller Neid sah er auf die anderen Tiere unter dem Buyubaum. »I-A«, schrie er und wandte sich zu Twiga, der Giraffe, »du kannst von Glück sprechen, Twiga. Deine Haut ist goldfarben und schön gefleckt, wie Sonnenlicht und Schatten unter Dornengebüsch. Aber meine Haut ist nur schwarz. Sieh dir doch mal den Löwen an. Seine Haut ist goldbraun wie das hohe Gras. Und die kleine Antilope ist braun und sieht vornehm aus. Aber ich, Punda, bin schwarz, einfach schwarz.«

Er seufzte tief und entblößte seine großen Zähne, sodass sich das Nilpferd schüttelte. Es lag im Teich und ließ nur den Kopf herausschauen.

»Hm – ich wünschte, du würdest deine Zähne nicht so zeigen, Punda«, sagte Boohoo, das Nilpferd.

»Da krieg ich ja eine Gänsehaut. Und – hm – was gefällt dir denn an deiner schwarzen Farbe nicht? Die ist doch ganz nützlich – hm –, denk ich. Man sieht keinen Dreck dran.«

Boohoo gab einen Laut von sich, der sich wie Lachen anhörte. Das war so laut, dass Dic-Dic, die Antilope, so erschrak, dass sie fast hingefallen wäre. Aber Punda ließ den Kopf weiterhin hängen, auch die Ohren und der Schwanz hingen schlaff herunter. Er zeigte, wie elend, unglücklich und abgewiesen er sich fühlte.

»I-A!«, schrie er und rollte seine Augen umher, »wunderst du dich, dass ich glänzen möchte? Oh, wie ich wünschte …«

Boohoo blies Blasen aus seiner großen, dicken Nase. »Hm«, bemerkte er, »eine meiner Tanten hat mir mal erzählt, dass – hm – unter den Bergen eine Höhle ist, die – hm – in solchen Fällen hilft …« Boohoo hielt inne, um zu atmen. »Sie sagte, man könnte – hm – sich da die – hm – Farbe wechseln lassen.«

Punda stellte seine Ohren auf. »Da kann man die Farbe wechseln lassen?«

Boohoo kaute gedankenverloren Blätter von Wasserlilien.

Der Esel blitzte mit den Zähnen. »Erzähl mir mehr davon, oder ich trete dich.«

Boohoo schüttelte den Kopf. »Nein, tu das nicht. Meine Tante hat einmal ein Esel gebissen. Es war schrecklich. Man sagt, sie hätte …«

Punda stampfte mit seinem Fuß. »Was ist nun mit dieser Höhle?«

»Ach, ja. Ich meine, die ganz dunkle, in der es so schrecklich poltert. Oh – hm – sie sagte, hm – aber ich weiß nicht, ob das stimmt …«

Der Esel machte sich schon startbereit. Aber Boohoo erzählte noch weiter. »Sie sagte, dass du durch die Öffnung neben dem Wasserfall eintreten und weit ins Innere hineingehen musst, bis das Licht nur so hell ist wie ein Glühwürmchen. Dann musst du laut rufen. Aber, Punda, in dieser Höhle gibt es ein starkes Echo. Wenn ich du wäre – hm –, dann würde ich – hm …«

»Was hat sie gesagt? Bitte, Boohoo, beeil dich! Was muss ich in der Höhle machen?«

»Ach, ja, die Höhle. Du musst nur wünschen, dass …«

»Wünschen? Was?«

Boohoo dachte angestrengt nach. »Hm – ja, du könntest wünschen, dass du statt schwarz jetzt – hm …«

Aber Punda war bereits weg. Er hatte nur noch einen Gedanken.

Er kam an dem großen Teich vorbei und kümmerte sich überhaupt nicht um das Krokodil. Er eilte den steilen Berghang hinauf und sah sich kaum nach Mbisi, der Hyäne, und Slinki, dem Schakal, um. Beim Wasserfall blieb er stehen und sah sich nach der Öffnung um.

Dann entdeckte er den Eingang, und schon streckte er seinen Kopf hinein. Er schrie: »I-A.« Sofort hörte er den gleichen Ruf noch ein paar Mal. Etwas Dunkles klatschte gegen sein Gesicht. Punda machte ein paar Schritte zurück. Da sah er mit Erleichterung, dass es nur Budi, die Fledermaus, war.

Der Esel spürte ein seltsames Gefühl in der

Magengegend. Er ging langsam in die Höhle hinein, immer weiter, bis er nur noch mühsam einen hellen Schein sehen konnte, wo der Eingang war. Er atmete tief, schluckte schwer und sagte dann ziemlich schnell: »Bitte, ich möchte weiß sein.«

»Weiß sein … weiß sein … weiß sein …«, hörte er das Echo.

Nur um sicher zu sein, rief er noch einmal. Und wieder kam das Echo zurück:

»… weiß … weiß … weiß …«

Er stürzte zum Eingang zurück, und je näher er an die Öffnung kam, desto lauter klopfte sein Herz. Würde er jetzt weiß sein?

Die Helligkeit wurde immer größer. Er drückte seinen Körper durch den Eingang und stand im Freien. Das Sonnenlicht blendete ihn, und er musste niesen. Dann schaute er zu seinen Füßen hinunter. Er schaute sein linkes Bein an. Er schaute sein rechtes Bein an. Sie waren weiß. Er drehte sich um und schaute zu seinem Schwanz. Er war weiß. Da stellte er mit Erleichterung fest, dass er weiß war: Alles an ihm war weiß.

Voller Freude schrie er: »I-A!« Er jagte wieder in den Dschungel hinunter. Sein Gesicht strahlte. Er war weiß und glänzte. Und er hielt sich für wundervoll. Er machte am Fluss halt und betrachtete sich in aller Ruhe im klaren Wasser.

»Oh«, sagte Boohoo, »du warst also an dem Ort, den ich dir – hm – genannt habe.«

»Ja«, schmunzelte Punda voller Stolz.

Da hörte man den Schakal rufen: »Schaut euch das an! Ein weißer Esel! Das ist ja ein Witz!«

Punda wurde stutzig. Er schaute wieder in das Wasser. Was sich da spiegelte, freute ihn. Doch da vernahm er die Stimme des Krokodils: »Du dummer Esel, schwarz steht dir besser.«

Punda schaute weiter ins Wasser und versuchte, sich nicht um diese Bemerkungen zu kümmern. Dann trat die Hyäne aus den schattigen Büschen. Sie erfüllte den Dschungel mit ihrem hämischen Gelächter. »Wie dumm du sein kannst!«

»Blödsinn!«, sagte Dic-Dic, »du siehst schön aus.«

Boohoo stieg langsam aus dem Wasser. »Hm – ich finde, du siehst sehr schön aus. Hm –« Ein dicker Fuß landete in einer Pfütze. Platsch! Und der weiße Esel war von oben bis unten mit Dreckflecken bespritzt. Boohoo blieb stehen und betrachtete ihn. »Hm – ich muss sagen – hm – ich bin mir nicht so sicher, ob weiß so günstig für dich ist. Man sieht den Dreck doch sehr leicht.«

Punda war verwirrt. Er starrte nachdenklich in die Ferne. Er wollte sich an einen ruhigen Ort zurückziehen und in aller Ruhe überlegen. So drehte er sich um und ging langsam weg.

Er hörte, wie die Hyäne ihm nachrief: »Jetzt kannst du nicht einmal deine Füße sauber halten.«

Der kleine Esel schaute an sich hinunter und sah den Dreck an seinen vier Füßen. Er blieb im Schatten eines Buyubaumes stehen und schüttelte den Kopf. »Vielleicht war es doch besser, wie es vorher war«, murmelte er.

Boohoo kam zu ihm hin und sagte zuversichtlich: »Kannst du das nicht abputzen? Ich – hm – kann dir ja helfen.«

Punda fühlte sich erleichtert. Aufgeregt galoppierte er davon und wälzte sich immer wieder im Sand. Das half, aber die dunklen Flecken waren immer noch da.

Boohoo schaute ihn von der Seite an. »Hm – warum versuchst du es nicht im Fluss?«, murmelte er. »Ich finde, dass er immer ...«

Aber Punda war bereits auf dem Weg zum Wasser. Er tauchte hinein und schwamm. Als er wieder draußen war, schüttelte er das Wasser ab.

Der Geier flog über ihm her und wedelte ihm mit seinen Flügeln ins Gesicht. »Gefleckter Esel«, schrie er.

Der Schakal schrie ebenfalls: »Gefleckter Esel!«

Auch die böse Stimme der Hyäne war zu hören: »Vorher hat man den Dreck an dir nie gesehen, Gefleckter!«

Dic-Dic kam zu ihm hin und sagte: »Nur Mut, Punda. Es gibt immer Möglichkeiten, solche Flecken loszuwerden.«

Aber der kleine Esel war so verwirrt, dass er diese tröstende Stimme überhaupt nicht hörte.

Dic-Dic ging um ihn herum und sagte fröhlich: »Mir gefällt es. Ich finde, dass es dir steht.«

Aber Punda seufzte und ging wieder in Richtung Höhle weg und murmelte vor sich hin: »Ich hätte es wissen müssen, dass das nicht klappt. Ich hätte nie in die Höhle gehen sollen.«

Dic-Dic begleitete ihn ein ganzes Stück, ohne ein Wort zu sagen. Auf einmal blieb Punda stehen und schaute mit seinen großen traurigen Augen zur Antilope hin. »Ich wünschte, ich wüsste, was ich tun soll.«

»Komm wieder mit mir zurück«, bat ihn Dic-Dic. »Du siehst so viel schöner aus.«

Punda zögerte. Vor ihm lagen die Berge. Hinter ihm hörte er das Gelächter der Hyäne. Unglücklich schaute er auf seine fleckigen Beine und ging langsam weiter.

Dic-Dic gab sich alle Mühe, Punda zu erklären, wie gut ihm die neue Farbe stand. Aber die einzige Antwort war nur Pundas regelmäßiges Hufgeklapper.

Als sie bei der Höhle ankamen, versuchte Dic-Dic Punda daran zu hindern, in die Höhle zu gehen. Aber der Esel schob sie mit seiner Nase sachte weg und drückte sich durch die kleine Öffnung.

Die Dunkelheit in der Höhle ängstigte den Esel. Plötzlich dachte er: »Es spricht doch eine Menge für Licht und dafür, dass ich weiß bin.«

Aber er ging tiefer in die Höhle hinein. Um ihn herum war alles dunkel und schwarz. »Schwarz!«, murmelte er. Er hörte das Echo: »Schwarz … schwarz … schwarz …«

Da schrie er auf einmal ganz laut und deutlich: »Ich will schwarz sein.«

»Schwarz … schwarz … schwarz!«, kam das Echo zurück.

Aber selbst als er dies hörte, wusste er, dass er lieber weiß wäre.

Er kehrte wieder zum Eingang zurück. Draußen blendete es ihn. Dann sah er seine Vorderbeine. Sie waren schwarz. Er schaute zu seinem Schwanz. Er war schwarz.

Dic-Dic starrte ihn verwundert an.

Im Westen ging die Sonne langsam unter. Punda setzte sich auf seinen Schwanz und schrie in seiner Not: »I-A.« Er wusste wirklich nicht, was er eigentlich wollte.

Es folgte ein Tag auf den anderen. Der Dschungel sprach ständig von Punda. Die einen zogen seine schwarze Farbe vor, die anderen sagten:

»Du gefällst mir besser in weiß.« Er fragte hier und fragte dort. Und je mehr er fragte, desto verwirrter wurde er. Und je verwirrte er wurde, desto weniger wusste er, welche Farbe er haben wollte.

Voller Verzweiflung galoppierte er eines Tages durch den Dschungel, ohne zu wissen, was er tun sollte. Plötzlich fand er sich selbst vor dem Höhleneingang. Er drückte sich wieder durch die Öffnung und achtete diesmal kaum auf das Poltern. Dann blieb er stehen und schrie, so laut er konnte: »Ich will schwarz sein, ich will weiß sein, ich will …« Und dann kam das Echo zurück. »Schwarz und weiß … schwarz und weiß … schwarz und weiß …«

Plötzlich verlor sich das Echo in einem langen geheimnisvollen Poltern. Ein großer Stein fiel vor Pundas Fuß auf die Erde, und ein anderer fiel ihm auf den Rücken. Er drehte sich um und sprang in ein paar großen Sätzen zum Eingang zurück.

Während er sich durch die Öffnung zwängte, spürte er, wie die Wände zitterten und Steine und Erde herunterfielen. Er galoppierte auf die Wiese hinaus, während die Höhle mit lautem Krach zusammenfiel und die Öffnung für immer zugeschüttet wurde.

Schließlich blieb Punda stehen und betrachtete sich. Er sah auf sein rechtes, dann auf sein linkes

Bein, voller Entsetzen schaute er auch auf seinen Schwanz. »Nein, das darf doch nicht wahr sein«, stöhnte er. »Ich bin ja weiß und schwarz!«

Elisabeth klatschte in die Hände. »Er wurde ein Zebra, weil er sich nicht entscheiden konnte.«

»Genauso ist es«, nickte Daudi. »Aber merkt euch: Es kam ein Zeitpunkt, wo die Entscheidung trotzdem fiel. Punda konnte sich dann nicht mehr entscheiden, er hatte keine Wahl mehr.

Darum denkt an die Bibel, wenn ihr ein Zebra seht. Wer sich nicht entschließen kann, Christ zu werden, oder versucht, Christ zu sein und trotzdem zu machen, was er will, der gleicht dem Zebra.«

Das ungleiche Paar

»Bei Hochzeiten«, sagte Elisabeth, »drücken die Mädchen ihre Freude aus, indem sie mit ihrer Zunge trillern.«

»So wie ich jetzt«, unterbrach sie Liso. Sie gab einen lauten und fröhlichen Ton von sich. »Um einen solchen Ton hervorzubringen, muss man ganz schnell die Zunge von einer Seite zur anderen bewegen.«

Der Dschungeldoktor lachte. »Ich kann meine Zunge nur vor- und rückwärts bewegen.«

»Wenn du übst, wirst du auch trällern können«, lachte ein afrikanisches Mädchen.

Während sie sprach, eilten die Leute singend, trommelnd, pfeifend und trillernd an ihnen vorbei.

»Ich möchte nicht zu spät zur Hochzeit kommen«, sagte Yuditi, während sie und Elisabeth jeweils eine Hand von Liso nahmen und zur Kirche davoneilten.

»Buana«, sagte Tembo, »die beiden, die jetzt heiraten werden, waren unter den Ersten, die sich impfen ließen. Sie denken in vielen Dingen gleich.«

Beim Sonnenuntergang hörte man immer noch die Trommeln im Dorf.

Die Kinder waren zum Buyubaum zurückgekehrt. Elisabeth war aufgeregt. »Es war eine fröhliche Hochzeit.«

Yuditi nickte.

Daudi drehte sich zu ihnen. »Habt ihr Mädchen an den Tag gedacht, an dem ihr einmal heiraten werdet?« Elisabeth bedeckte ihr Gesicht mit ihren Händen, und Yuditi kicherte. »Buana Daudi, warum wusstest du, dass wir oft an diese Dinge denken?«

Daudi schmunzelte. »Ihr macht es richtig. Es ist klug, früh darüber nachzudenken, was in der Bibel darüber steht, was man bei dem Menschen beachten soll, den man einmal heiraten will.«

»Hongo«, sagte Yuditi, »sagt die Bibel denn etwas dazu?«

»Ja«, antwortete Daudi. »In diesem Buch zeigt Gott uns, wie wir am besten leben können.«

»Was sollen wir denn tun?«, fragte Kali.

»Lass Buana Daudi eine Geschichte erzählen«, flüsterte M'gogo. »Die Antwort werden wir dann wissen, wenn wir aufmerksam zuhören.«

Daudi lehnte sich auf dem dreibeinigen Stuhl nach vorn.

Dic-Dic, die Antilope, schaute zu Boohoo, dem Nilpferd. »Die anderen sagen, dass es ein Dschungelwettlaufen gibt, wenn die Wassermelonen reif sind.«

»Hm – ja«, sagte Boohoo traurig. »Hm – Wassermelonen, hast du gesagt? Ich mag Wassermelonen.« Das Wasser lief ihm im Mund zusammen, als er zum Fluss ging und darin schwamm, während er weiter an Wassermelonen dachte. So hörte er nicht, wie der Elefant alle Tiere zusammenrief.

Nhembo, der Elefant, erklärte ihnen alles ganz ausführlich. Die Tiere machten große Augen, als sie den Preis sahen. Die letzten Worte des Elefanten waren: »Überlegt es euch gut. Und nach zwei Sonnenaufgängen kommt ihr wieder hierhin. Und wenn jemand noch eine Frage hat, dann wisst ihr ja, wo ihr mich erreichen könnt ...«

»Ich weiß, was ich tun muss«, rief Kifaru, das Nashorn. »Ich muss nur den großen Stein gerade über den großen weißen Sand ziehen, damit er eine gerade Linie hinterlässt.«

»Das stimmt nicht ganz«, sagte Nhembo, der Elefant. »Der Stein muss von zweien gezogen werden, nicht nur von einem.«

Kifaru schimpfte. »Das bedeutet, dass ich die Melone teilen muss. Jammerschade. Dann muss ich Boohoo, das Nilpferd, suchen. Er ist etwa genauso groß wie ich, und wir mögen beide Wassermelonen. Ich werde ihn zum Wettlauf mitbringen.«

Toto, der Affe, sah, wie das Nashorn in einer Staubwolke davongaloppierte. »Er wird nicht einmal einen Tropfen der Wassermelone mitbekommen«, sagte er zu Dic-Dic, der Antilope.

»Du und ich können zusammen antreten. Wir würden leicht gewinnen.«

»Hm«, sagte Dic-Dic, »wird es nicht schwierig sein, wenn du auf den Hinterbeinen gehen musst und ich gleichzeitig auf allen vieren gehe?«

»Das ist kein Problem«, sagte der Affe. »Ich kann mich dir anpassen, und schließlich wollen wir beide diese Wassermelone, oder?«

Dic-Dic, die Antilope, nickte. Gedankenverloren ging sie weg und betrachtete die lange Kletterpflanze, die die Form eines Y hatte, an dessen beiden Enden eine Schlinge war, damit man den Kopf durchstecken konnte. Am dritten Ende befand sich der große flache Stein.

Toto machte Purzelbäume im Sand. Dann hob er den großen Stein auf, um zu beweisen, wie stark er war.

Dic-Dic sprang auf einen Ameisenhügel und rief: »Toto, meinst du nicht, wir sollten mit dem Elefanten sprechen? Er ist sehr weise und …«

»Das kannst du ja tun, wenn du willst«, antwortete Toto, der nicht ahnte, dass Goon und Loon, die Paviane, ihm zuschauten. Er drückte seine Brust hinaus und hob den Stein über seinen Kopf.

Twiga, die Giraffe, und die kleinere Giraffe, die die Rinde vom Affenbrotbaum fraß, gingen zum Elefanten und redeten lange mit ihm. Der zeigte schließlich mit seinem Rüssel auf einen sonderbar geformten Baum auf der anderen Seite des Hügels.

Während sie weggingen, sagte Twiga: »Es gibt nur einen Weg, in diesem Wettlauf Erfolg zu haben. Was der Elefant sagt, stimmt.« Dann schauten sie zum Baum.

Zwei Tage später kamen alle Tiere zu dem langen weißen Strand. Kifarus laute Stimme ließ alle aufschauen. »Komm, Boohoo! Wir haben beide vier Füße und zwei Augen und essen beide gern Wassermelonen. Was brauchen wir sonst noch?«

Boohoo, das Nilpferd, zögerte. »Hm – ich würde dieses Spiel lieber mit einem anderen Nilpferd zusammen machen. Nilpferde verstehen ein anderes Nilpferd am besten, weißt du.«

»Du bist gemein!«, schimpfte Kifaru. »Wir sind etwa gleich groß und gleich schwer. Wir sind sehr ähnlich. Komm, lass uns beginnen.«

Boohoo antwortete langsam und zurückhaltend. »Oh – hm, also gut. Aber ich würde lieber im Schatten sitzen. Ich bekomme schnell einen Sonnenbrand. Das tut dann weh. Aber du verstehst das ja nicht …«

»Komm schon! Komm schon!«, rief Kifaru ständig. »Es wird schon klappen. Im Übrigen, willst du denn nicht die Wassermelone erhalten?«

»Hm – das heißt, ja. Aber wenn du ein Nilpferd wärst, wüsstest du, dass dieser Sand sehr heiß ist. Das tut mir jedes Mal weh.«

Unglücklich ging er zum Start hin und murmelte, dass er sich in dieser schrecklichen Hitze bestimmt erkälten würde. Plötzlich blieb er stehen und versuchte, seine Oberlippe mit seinem Vorderfuß hochzuheben. Kifaru starrte ihn an. »Komm schon, und lass deinen Fuß auf der Erde.«

»Oh, oh«, schnappte Boohoo, »ich muss – ich muss gleich – niesen. Ha-ha-hatschi! Och, und nun – hm – werden meine Augen gleich tränen, und – hm – meine Nase wird gleich laufen …«

»Ja«, sagte Kifaru, »und wenn deine Füße nicht gleich zu laufen beginnen, werde ich etwas dagegen unternehmen.«

Er stülpte sich die Schlinge der Kletterpflanze über sein Horn und um seinen Hals. »Lass uns gehen.«

Boohoo ergab sich in sein Schicksal. Er legte sich die Schlinge um seinen Hals. »Nun – wohin gehen wir denn? Wäre es nicht besser, wenn – hm – wir zuerst einmal nachsähen, bevor wir losgehen?«

»Hör auf zu reden! Lass uns jetzt gehen.« Kifaru stampfte ungeduldig mit dem Fuß. Eine Staubwolke erhob sich.

Twiga war beim Affenbrotbaum und schüttelte ihren Kopf.

»Was für ein ungleiches Paar! Sie werden eine ungleiche Spur hinter sich zurücklassen. Wie können zwei unterschiedliche Tiere Erfolg haben, selbst wenn sie fast gleich groß sind?«

Streify, das Zebra, rief: »Beide parat?«

»Natürlich sind wir parat«, brüllte Kifaru.

»Die geradeste Linie wird gewinnen«, rief Streify.

»Los!«

Acht große Füße sanken tief im Sand ein.

Der kurzsichtige Kifaru schaute an seinem Horn vorbei. Sein Atem hörte sich wie eine Motorsäge an. Boohoo, das Nilpferd, folgte ihm so gut er konnte, während der Stein zwischen ihnen hin- und herbalancierte und eine Schlangenlinie zurückließ.

»Schneller!«, rief Kifaru.

»Hm – aber«, keuchte Boohoo. Er blinzelte mit seinen Augen, als er vor sich eine hohe Palme entdeckte. »Sollten wir nicht verhindern, dass wir – hm – dass …«

»Red nicht so viel und mach voran!«

Kifaru hielt den Kopf gesenkt, seine Augen waren halb geschlossen. Boohoo sah die Palme, die plötzlich vor ihm erschien. Er zerrte Kifaru auf eine Seite, um sie zu umgehen.

»Was machst du denn auf einmal?«, schimpfte Kifaru, das Nashorn. »Wie sollen wir denn gewinnen, wenn du …«

»Siehst du denn nicht, dass – hm – vor uns …«

»Schweig!«, unterbrach ihn Kifaru. »Lauf gerade, hörst du!«

Bäng! Er rammte mit seiner Schulter den Baum und taumelte. Es regnete Kokosnüsse auf ihn herab.

Bäng! Eine landete direkt auf Kifarus Nase.

Bäng! Eine andere landete zwischen Boohoos Augen.

Kifarus Augen wurden ganz rot. »Was machst du denn da, du Blödian?« Er lief weiter und zog den Stein hinter sich her, der sich löste, durch die Luft flog – und auf seinem Hinterteil landete.

Kifaru war wütend. Er schüttelte den Kopf, bis er sich von der Schlinge befreit hatte, trat Boohoo in die Rippen und jagte so schnell er konnte in den Dschungel davon.

Boohoo, das Nilpferd, setzte sich mühsam hin. Er bekam keine Luft mehr. Als er endlich seine Augen wieder öffnen konnte, sah er, was für eine Schlangenlinie der Stein hinter ihnen zurückgelassen hatte. »Hm – wir waren nicht sehr gut. Hm – wir waren uns zwar ähnlich, aber wir waren ungleich. Schade, dass wir nicht mehr darüber nachgedacht haben, bevor wir gestartet sind.«

Daudi unterbrach hier seine Geschichte. Er schaute den Pfad hinunter, auf dem eine Krankenschwester zu ihm gelaufen kam.

»Buana Daudi, komm schnell!«, rief sie.

»Ich komme«, antwortete Daudi. Während er zu ihr lief, rief er den versammelten Kindern noch zu, »wartet. Ich erzähle die Geschichte nachher zu Ende.«

Die Sonne ging unter, und es wurde ziemlich dunkel. Die Grillen begannen zu zirpen, und eine Hyäne heulte weit hinter dem Krankenhaus.

»Hongo«, sagte Yuditi, »was meint Daudi mit dieser Geschichte?«

»Er will damit sagen, dass Menschen, die sich zur Heirat entschließen, vorsichtig prüfen sollen, ob es der richtige Partner ist«, sagte M'gogo.

Dan nickte. »Hat er nicht gesagt, dass die heutige Hochzeit eine Freude ist, da Kefa und Marita beide Christen sind?«

»Ngheeh«, stimmte auch Elisabeth zu. »Wir haben ja selbst gehört, wie beide sagten, dass sie mit Gott leben und sich von ihm führen lassen wollen.«

Liso schlug nach einem Moskito und sagte: »Will er denn sagen, dass Christen nicht jemanden heiraten sollten, der nicht Christ ist?«

Sie sprachen leise miteinander. Das Heulen der Hyäne kam immer näher.

Elisabeth flüsterte: »Ich wünschte, Buana Daudi würde sich etwas beeilen.«

»Ihr braucht keine Angst zu haben«, sagte Tembo. »Kali und ich haben beide starke Stecken. Ach, da ist Buana Daudi ja schon.«

Sie sahen, wie Daudi aus dem Krankenhaus kam. In der Hand hielt er eine Lampe.

Schnell ging er zum Buyubaum. Mit seiner Lampe konnte er schon von Weitem sehen, dass die Kinder eng beieinandersaßen. »Wo waren wir stehen geblieben?«, fragte er sie, als er sich zu ihnen gesetzt hatte.

»Kifaru und Boohoo haben keinen Erfolg gehabt«, antwortete M'gogo.

»Und nun, was geschah wohl mit Toto, dem Affen, und Dic-Dic, der Antilope?«

»Erzähl es uns! Bitte!«, riefen die Mädchen.

Daudi nickte.

Toto sagte zu Dic-Dic: »Komm schon. Kifaru und Boohoo sind leicht zu schlagen.«

Die kleine Antilope nickte. »Sie wussten nicht, wie sie gehen sollten. Nun höre gut zu, Toto, du und ich, wir verstehen uns. Wir werden beide auf vier Beinen gehen.«

Als Toto die Schlinge über seinen Kopf streifte, sah er Goon und Loon, die Paviane, wie sie mit Mbisi, der Hyäne, und Slinki, dem Schakal, flüsterten. »Schaut gut zu!«, schrie er, drückte seine Brust heraus und spannte seine Muskeln.

Dic-Dic, die Antilope, stieß ihn sanft mit dem

Kinn an. »Wir dürfen uns nicht ablenken lassen. Wir müssen beide darauf achten, dass der Stein gerade gezogen wird, wenn wir die Wassermelone gewinnen wollen.«

»Richtig, die Wassermelone«, sagte Toto und überlegte, ob er so gut aussähe.

Dic-Dic flüsterte zu sich selbst: »Alles wird klappen, wenn wir beide zugleich gehen und gleichzeitig und gleich stark ziehen.« Um sich selbst zu überzeugen, sagte sie noch lauter: »Ich bin mir sicher, dass es klappen wird. Ich weiß es.«

»Los!«, rief Streify, das Zebra.

Toto ging auf allen vieren.

Im Buyubaum saßen viele kleine Affen, die riefen: »Prima, alter Toto!« Denn Toto und Dic-Dic gingen im gleichen Tempo.

»Wie geht es denn, du alter Vierbeiner?«, schrie Goon, der Pavian.

Toto kümmerte sich nicht darum. Es war schwierig für ihn.

»Wie gut täte es mir, wenn ich etwas zu trinken hätte«, dachte er, aber er lief gleichmäßig weiter.

Unter dem Buyubaum saß Slinki, der Schakal, und hörte, wie Mbisi, die Hyäne, ihm zuflüsterte: »Schau mal, in den Bäumen sitzen viele Affen. Die können uns doch helfen.«

Die Sonne brannte.

Die Schultern der Antilope begannen zu schmerzen. Und Toto leckte seine trockenen Lippen.

Goon und Loon redeten ständig und schwangen dabei von Baum zu Baum, während sie gleichzeitig mehrere Bananen in die Luft warfen. Toto konnte den kühlen angenehmen Geschmack der Bananen beinahe auf der Zunge spüren.

Plötzlich flog eine Banane durch die Luft auf ihn zu. Sie landete in seiner Nähe, sodass er sie leicht erreichen konnte. Er lief auf sie zu. Der Stein wurde mitgerissen, während Toto nach der Banane griff.

»Achtung«, rief Dic-Dic besorgt, »wir haben einen Bogen gemacht.«

Eine andere Banane landete etwas weiter vom Pfad entfernt.

Im Nu sprang Toto dahin, wo sie lag. Dann schlüpfte Toto aus der Schlinge und lief in den Dschungel – in beiden Händen hielt er eine Banane.

Dic-Dic saß traurig im Sand und schaute zurück auf die Spur, die sie gezogen hatten. Sie war ganz gerade gewesen, bis Toto der Banane nachgelaufen war. Ab da war es eine Zick-Zack-Linie.

Der Schakal lachte hämisch. »Das war leicht! Wir mussten den Pavianen nur von den Bananen erzählen.«

Die Hyäne meinte: »Mit Kifaru und Boohoo war es aber noch leichter gewesen. Da hatten wir überhaupt nichts machen müssen.« Ihre Stimme wurde schärfer. »Aber wir werden jedes Paar daran hindern, den Lauf zu Ende zu bringen.« Sie schaute zu Twiga, der Giraffe, hinüber, die sich jetzt die Schlinge über den Kopf streifte. Auch die zweite Giraffe neben ihr tat das. Sie hörte, wie sie sagten: »Nun sind wir dran. Wir beide kennen den Weg. Wir sind gleich, wir denken gleich, wir sehen gleich, und unsere Beine gehen in dieselbe Richtung.« Nur eine Giraffe war etwas kleiner als die andere.

So starteten sie. Ihre Augen waren auf den Baum in der Ferne gerichtet. Die beiden Giraffen gingen über den heißen Sand, und ihre starken Schultermuskeln bewegten sich gleichmäßig.

Als sie am Ende angekommen waren, lag hinter ihnen eine lange gerade Spur. Boohoo nickte langsam mit dem Kopf: »Hm – sehr gut habt ihr das gemacht, ihr starken Giraffen.«

»Ja«, schrie die Hyäne, »mit euren langen dünnen Beinen.«

»Hm«, bemerkte Boohoo, »ich kann mich an eine Hyäne erinnern, die weit wegflog, als sie einmal von diesen dünnen Beinen getreten wurde.« Er drehte sich Nhembo, dem Elefanten, zu und sagte: »Nun, Nhembo, was sagst du zu diesem Wettlauf?«

Daudi schwieg. »Was ist eure Antwort auf Boohoos Frage?«

M'gogo antwortete: »Es war ein gleiches Paar, und beide hatten denselben Wunsch in ihrem Herzen.«

»Richtig«, sagte Daudi. »In der Bibel können wir lesen, dass wir nicht einen Nicht-Christen heiraten sollen. Es ist sogar verboten, jemanden zu heiraten, der nicht Christ ist.« Daudi schwieg. »Wenn ihr die Augen offen haltet, dann könnt ihr sehen, welche Schwierigkeiten bei Ehepaaren entstehen können, die dieses Gebot nicht befolgten.«

Wie die Last leicht wird

Bis auf M'gogo und Tembo waren inzwischen alle beim Buyubaum angekommen.

»Da kommen sie endlich!«, rief Elisabeth.

Zwei Gestalten kamen langsam auf sie zu.

»Beeilt euch!«, riefen Kali und Tali.

»Wir können nicht schneller gehen«, sagte Tembo, »wir sind zu müde.«

Sie ließen sich vor Daudis Füßen auf den Boden fallen, und M'gogo sagte: »Großer, wir sind am Ende mit unserer Kraft. Wir haben mit so vielen Menschen an verschiedenen Orten geredet.«

Tembo nickte. »Es ist so schwierig, ihnen das begreiflich zu machen.«

»Es lohnt sich aber«, sagte Daudi. »Und vielleicht habt ihr etwas vergessen. Hört zu, welchen großen Fehler Dic-Dic machte.«

Eines Tages kletterte Hifi, Totos schwerfälliger Verwandter, in den Bäumen des Dschungels herum. Er schwang sich gerade von einem Baum zum anderen, als der erste Ast abbrach. Schnell schwang er sich zum nächsten Ast. Aber als der auch brach, wickelte er seinen Schwanz um einen dicken, alten Ast, der stark aussah, aber leider war er von weißen Ameisen halb durchgefressen. Hifi fiel auf die Erde. Er landete wohlbehalten, aber nicht gerade gemütlich auf dem Boden. Und nur eine Sekunde später landete der tote Ast auf dem Kopf des Affen.

»Hm«, sagte Boohoo, das Nilpferd, »zum Glück war es nur sein Kopf, sonst hätte er vielleicht ein Bein gebrochen.«

Hifi lag auf der Wiese und verdrehte die Augen.

Dic-Dic, die Antilope, sagte: »Ich trage ihn zu seinem Familienbaum zurück.«

Aber das war nicht so leicht, wie sie gedacht hatte. Denn Hifi war schwer, und er klammerte sich zu fest an die Antilope und rief ständig seinen Onkel Nyani und bat ihn, ihm eine Banane zu bringen.

Dic-Dics Muskeln taten bereits weh, während sie den langen Dschungelpfad entlangging. Ihre Schritte wurden immer langsamer, und ihre Beine begannen zu zittern.

»Hm –«, sagte Boohoo, das Nilpferd, das hinter ihnen herging. »Hifi scheint ja ganz schön schwer zu sein. Du bist in der Mitte ganz durchgedrückt.«

Dic-Dic, die Antilope, schnappte nach Luft. »Er ist schwer. Mein Hals tut mir weh, und mein Rücken ist fast durchgebrochen.« Sie ging in den

Schatten eines großen Busches und setzte Hifi ab. Der Affe gähnte und stöhnte laut vor sich hin und rief noch lauter um eine Banane.

»Er ist ganz schön schwer für einen Affen«, meinte Boohoo.

Dic-Dic legte sich hin, aber sagte nichts.

»Hm«, bemerkte Boohoo, »wäre es eine Hilfe, wenn du ihn auf einem Bananenblatt hinter dir herziehen könntest?«

Dic-Dic versuchte das, aber Hifi schrie dabei laut. Boohoo schüttelte seinen Kopf und meinte: »Hm – das taugt nichts. Er scheint sich nicht wohlzufühlen.« Er schaute sich um und sagte einige Male: »Hm«, aber es fiel ihm nichts ein, was er tun konnte.

Dic-Dic überlegte, wie lang der Weg noch war, und seufzte, weil der Affe so schwer war.

Hifi stöhnte immer lauter. Die Sonne brannte. Boohoo nickte mit dem Kopf. Dic-Dic war gerade dabei, zu seufzen. Doch daraus wurde ein Schrei, denn plötzlich bewegte sich hinter ihr etwas. Hifi sprang fast aus seiner Affenhaut heraus, denn ein schlangenähnlicher Schatten bewegte sich unter dem Busch durch auf sie zu. Dic-Dic wusste sofort, dass es der Rüssel des Elefanten war. Schon sah sie seine zwinkernden Augen und hörte seine tiefe Stimme: »Dic-Dic, möchtest du auf meinen Schultern reiten? Sie sind stark genug.«

Dic-Dic nickte dankbar.

Hifi kletterte auf Dic-Dics Rücken, und Nhembo, der Elefant, hob die kleine Antilope und den Affen auf seine Schultern.

Bald hörte man zufriedene Laute von Dic-Dic, während sie durch den Dschungel gingen. Ein kühles Lüftchen wehte um ihr Gesicht.

Boohoo folgte ihnen und murmelte: »Hm – ganz nützlich. Dic-Dic, ich hätte dasselbe getan, aber Nilpferde haben einen großen Nachteil«, er schluckte langsam. »Hm – es ist nicht so einfach, wenn man keinen Rüssel hat.«

Während sie weitergingen, bemerkte Boohoo, dass Dic-Dics Rücken wieder so durchgebogen war wie vorher. Er überlegte. »Hm«, murmelte er, »hm – Dic-Dic, bist du …?«

Nach einem Weilchen verspürte Dic-Dic wieder den selben alten Schmerz in ihrem Kreuz. Sie kämpfte mit ihrer ganzen Kraft, um die Last von Hifi ertragen zu können, der immer noch laut klagte.

Plötzlich wusste Dic-Dic, dass ihr Rücken nicht stark genug war, um Hifi noch viel länger zu tragen. Da hörte sie Boohoo hinter sich und drehte sich etwas. Dadurch verspürte sie einen stechenden Schmerz, als würde die schwere Last sie in der Mitte durchbrechen. Da begann der Affe zu rutschen. Mit seinen Füßen versuchte er, sich am Hals des Elefanten festzuhalten, aber es klappte nicht. Er rutschte weiter. »Hilfe!«, schrie er. »Hilfe!«

Augenblicklich hielt ihn der starke Rüssel fest, sodass Hifi nicht mehr rutschte. »Warum trägst du immer noch Hifi?«, flüsterte der Elefant.

Dic-Dic wusste nicht, was sie sagen sollte.

Boohoo meinte dazu: »Hm – sieh mal, Dic-Dic, du bist ja – hm – fast zusammengebrochen.«

Der Elefant sagte ganz ruhig: »Dic-Dic, du vertraust mir, dass ich dich tragen kann. Warum sollen meine Schultern dann nicht auch Hifi tragen können? Es ist doch genügend Platz da, um ihn vor oder neben dich zu legen.«

»Hm – ja«, kam Boohoos Stimme. »Das wollte ich auch gerade vorschlagen. Ich wollte gerade sagen: ›Warum …‹« Er schwieg, als er sah, wie Dic-Dic sich nach hinten lehnte und sagte: »Aber Nhembo, es ist so freundlich von dir, dass du mich trägst. Wie konnte ich dich bitten, auch noch meine Last zu tragen?«

Der Elefant lachte. »Überleg mal, Dic-Dic. Denk nach.« Er blinzelte wieder mit den Augen, als er nach ein paar Sekunden spürte, wie Dic-Dic vorsichtig Hifi vor sich auf die Schultern des Elefanten setzte.

So gingen sie lange weiter. Die Sonne brannte noch immer. Der Pfad führte immer noch hinauf, aber von Hifi hörte man nur das typische Schnarchen eines Affen, und Dic-Dic hatte ihren Kopf auf den Rüssel des Elefanten gelegt und rieb sanft ihr Kinn darauf. Sie fühlte sich ganz glücklich, als sie spürte, wie der Elefant als Antwort darauf mit seinen starken Schultermuskeln zuckte, die sie und ihre Last trugen.

»Hm«, hörte man Boohoos Stimme. »Warum hast du Hifi nicht sofort auf den starken Rücken des Elefanten gesetzt?«

Dic-Dic gab keine Antwort, fragte sich aber selbst, warum sie das nicht vorher getan hatte. Sie war überglücklich, als Nhembo sagte: »Wenn du später einmal andere Lasten zu tragen hast, dann erinnere dich an heute.«

M'gogo hatte seinen Finger in der Bibel. Als Daudi fertig war mit Erzählen, sagte er: »Tembo und ich hätten gut daran getan, um Hilfe zu beten. Ich verstehe das jetzt. Denn ich habe in die Bibel geschaut. Da steht, dass wir unsere Last auf den Herrn legen sollen und er uns und unsere Last tragen will.«

»Und dann sagt Gott auch«, fügte Elisabeth hinzu, »dass wir uns nicht fürchten sollen, weil er bei uns ist und weil er unser Gott ist. Und dass er uns Kraft geben und uns helfen will.«

»Und er sagt auch«, sagte Liso, »dass er alle Tage bei uns sein werde.«

»Gut«, freute sich Daudi. »Ihr seht, wie uns die Bibel weiterhelfen kann.«

»Warum sollte irgendwer Lust haben, seine Last selbst zu tragen?«, fragte M'gogo.

»Hongo!«, antwortete Yuditi, »ich verstehe. Dic-Dic hat sich wirklich nichts dabei gedacht. Denn der Elefant trug sowieso ihre Last.«

Daudi schmunzelte. »Also, jetzt wisst ihr es.«

Boohoo hat Mitleid mit sich selbst

»Viele Leute kamen heute zum Krankenhaus«, sagte Kali.

»Ich habe bisher noch nie so viele hier gesehen«, sagte Tali.

»Eheh«, sagte Tembo, »sie sind gekommen, weil die Pocken bereits einige Dorfbewohner befallen haben. Sie haben Angst und kommen schnell hierhin, damit wir ihnen helfen.«

Elisabeth kicherte. »Ich habe noch nie so viele Menschen auf einmal gesehen, die schimpfen und sich beklagen. «

Tembo ahmte die Leute nach. Und bei jedem Ausruf veränderten sich seine Stimme und sein Gesicht. »Eheh! Diese Hitze!«

»Yoh! Diese Fliegen!«

»Kah! Ich bin es leid, immer stehen zu müssen.«

»Hongo! So weit bin ich gegangen, nur um mich impfen zu lassen. Das lohnt sich wirklich nicht.«

»Yoh! Ich freue mich nicht, kein bisschen.«

Daudi lächelte und machte es sich bequem. »Lernt aus diesen Dingen. Und denkt daran, Krokodile töten Hunderte, aber der Moskitostich tötet jedes Jahr Millionen von Menschen.«

»Hongo«, sagte Dan und zerdrückte einen

Moskito, der sich auf seinem Bein niedergelassen hatte.

»Eheh, und wenn euch die Menschen sagen, dass es egal ist, wenn ihr Dinge tut, von denen ihr genau wisst, dass sie nicht richtig sind, dann denkt daran, dass auch die kleinen Dinge große Folgen haben können. Hört einmal zu, was mit Boohoo geschah.«

Eines Tages waren wenig Wolken am Himmel. Dic-Dic, die Antilope, fragte Twiga, die Giraffe: »Warum geht Boohoo, das Nilpferd, so viel allein spazieren?«

Da kam Boohoo, das Nilpferd, gerade auf sie zu. Er sah schlecht aus. Twiga sagte: »Er hat eine Art, sich und anderen schlechte Laune zu machen. Pass mal gut auf, hör gut zu. Dann verstehst du, was ich meine.«

Boohoo gesellte sich zu den Tieren, die im Schatten des großen Buyubaumes standen. »Oh«, stöhnte er. »Die Sonne ist heute aber heiß! Es ist schrecklich, wenn einem die Haut immer so brennt.«

Dic-Dic, die Antilope, sah, wie traurig seine Mundwinkel aussahen. Kifaru, das Nashorn, gab laute Töne von sich, und Toto, der Affe, kicherte.

»Ich bin eben empfindsam«, murmelte Boohoo. »Warum ausgerechnet ich …?«

»Hör mal auf, dich immer zu beklagen«,

schimpfte Kifaru, das Nashorn. »Denk nicht immer nur an dich. Sprich nicht immer nur von dir. Und am besten hörst du ganz auf zu reden.«

Boohoo schüttelte seinen Kopf und seufzte: »Hm – das verstehst du eben nicht. Wenn deine Haut Blasen bekäme, wenn – hm …«

Kifarus Augen wurden ganz rot. Er schimpfte. Sein großes Horn hob er kämpferisch in die Luft. »Geh doch, und wirf dich in den Fluss, du seufzendes, stöhnendes Nilpferd.« Er schimpfte ärgerlich weiter und machte sich dann davon. Boohoo, das Nilpferd, schaute ihm nach. »Hm – versteht ihr, was ich meine? Das war nicht gerade freundlich von ihm …« Er schluckte laut: »Und ich versuche immer freundlich und hilfsbereit zu allen zu sein. Immer.«

»Wir gehen in dieselbe Richtung wie du«, sagte Twiga, die Giraffe, als Toto, der Affe, Dic-Dic, die Antilope, und Punda, das Zebra, sich auf den Weg machten.

Sie gingen schweigend, bis sie zu einer großen Stelle voller Disteln kamen. Da hörte man wieder Boohoos traurige Stimme: »Warum sagt ihr nichts? Ich tue mein Bestes, um gesellig zu sein, und niemand …«

Toto kicherte: »Zum Glück ist Kifaru nicht mehr hier. Er kann keine Disteln vertragen.«

Ein wütender Laut kam aus Boohoos Innerem: »Du blöder Affe, jetzt unterbrich mich nicht! Kleine Affen sollte man nur sehen – hm – und nicht hören! Hm – was hast du gesagt? Disteln? Böse Pflanzen – hm – ich kann sie nicht ertragen.«

Punda, das Zebra, blitzte mit den Zähnen, dann warf es die Hinterbeine hoch und schrie: »I-A«, und ging langsam weiter.

»He«, sagte Boohoo. »Komisch. Das ist doch keine Unterhaltung. Nun ja, vielleicht sind Affen eben so. Ich finde, dass die Zeit angenehmer vergeht, wenn man – hm – redet. Und ihr?«

Dic-Dic öffnete den Mund, um etwas zu sagen, aber Twiga schüttelte den Kopf. Sie wusste, dass Nilpferde zwar Fragen stellen, aber keine Antworten erwarten.

Boohoo redete immer weiter: »Natürlich, Punda hat nicht dieselben Probleme mit den Disteln wie ich.«

Toto kletterte auf Twigas Rücken, hielt sich an ihrem Hals fest und rief: »Schrecklich, wenn Boohoo eine Giraffe wäre.«

Die Giraffe blinzelte belustigt.

Boohoo seufzte: »In diesem Teil des Dschungels ist es ziemlich langweilig. Findet ihr nicht auch? Ich – hm – habe lieber Blumen und so was.« Er schüttelte den Kopf und trottete langsam weiter.

Bald kamen sie an eine Stelle, wo ein kleiner Fluss den Hügel hinuntersprudelte. Vor ihnen lagen schattige Affenbrotbäume, die voller gelber Blüten waren. »Schau mal«, sagte Twiga, »das sollte dich doch zufriedenstellen.«

Boohoo hob seinen schweren Kopf und blinzelte: »O Twiga, ich kann diese kleinen gelben Blumen nicht ausstehen. Sie bringen mich immer zum – hm – Niesen. Und dann habe ich anschließend die Nase verstopft. Das mag ich nicht. Und au! – aber das verstehst du nicht.«

Durch die Affenbrotbäume wehte ein kühles Lüftchen. Das war angenehm. »Wie schön«, sagte Twiga, »dieses herrliche kühle Lüftchen.«

»Oh«, sagte Boohoo, »wenn es bloß nicht das Zeug aus den kleinen Blümchen in meine Nase trägt. Ich weiß, ich müsste dann ...« Er schwieg. »Oh, ich muss ...« Seine breiten Flanken bewegten sich auf und ab.

Der Affe kletterte von der Giraffe hinunter und drückte seine Pfote gegen Boohoos Nase.

»Was – hm – oh, ha ... ha ...«

»Versuch es zu unterdrücken«, rief der Affe. »Ich helfe dir. Niese nicht, und dann wirst du auch keine verstopfte Nase bekommen.«

»Oh ...«, rief Boohoo. »Hilfe! Ha ... ha ... ha!«

Der Affe drückte mit voller Kraft.

Twiga drehte sich schnell zur Seite und sagte

zu Dic-Dic: »Stell dich hinter den Ameisenhügel. Wenn er niest, kann er dich ohne Weiteres umblasen.«

Dic-Dic brachte sich schnell in Sicherheit. Sie hörte auf die seltsamen Geräusche, die Boohoo von sich gab. Den Affen hörte man kichern. »Meinst du, er wird gleich niesen?«

Twiga nickte. »Er wäre sehr unglücklich, wenn es ihm nicht gelänge. So sind nun eben mal Nilpferde.«

Boohoos Seiten bewegten sich ganz stark. Er öffnete sein Maul weit. Seine Nüstern zitterten. Der Dschungel schien auf einmal ganz still zu sein. »Ha … hat … hatschi!«

Der Affe flog durch die Luft und schaffte es gerade noch, sich an Twigas starkem Hals festzuhalten.

Alle schauten auf Boohoo, der ganz verlassen dastand. »Oh, ich werde gleich …«

Er nieste wieder. »Wenn ihr nur wüsstet, wie sehr ich leide, wenn ich niese. Meine Rippen tun mir nachher noch stundenlang weh, und meine Nase wird verstopft, und meine Augen brennen. Oh, das ist entsetzlich.«

Er nieste noch zweimal. Und dann sagte er zufrieden: »So, nun ist meine Nase ganz zu. Oh, ich fühle mich nun ganz elend.«

Er ging allein weg und ging zum Teich hin.

Dic-Dic, die Antilope, kletterte auf den Ameisenhügel hinauf. Hier konnte sie direkt in Twigas Ohr hineinflüstern. »Twiga, was können wir für ihn tun?«

»Wenn er zur Abwechslung mal an etwas anderes denken könnte, dann täte ihm das sehr gut.«

Dic-Dic wurde ganz aufgeregt. »Fällt uns nichts ein?« Sie sprang auf und ab. Und plötzlich rutschte sie und rollte den Ameisenhügel hinunter und landete schließlich im Schlamm und – patsch! lag im Fluss.

Da glitten plötzlich lautlos drei schwere Krokodile weiter oben in den Fluss.

»Boohoo!«, rief Twiga und lief an den Rand des Flusses. »He! Boohoo!« Sie beobachtete ununterbrochen Dic-Dics kleinen Kopf, der mühsam gegen den Strom ankämpfte.

Boohoo drehte den Kopf. »Was ist los?«, schimpfte er.

Twiga kam zu ihm gelaufen. »Schnell, Dic-Dic ist ins Wasser gefallen!«

»Oh – hm – sie kann doch schwimmen, oder? Jeder müsste schwimmen können.«

»Was für eine Chance hat sie gegen diese Krokodile! Schau! Da sind gleich drei von ihnen!«

»Sie würden sie nicht berühren, wenn ich neben ihr wäre, Twiga.«

»Du bist aber nicht neben ihr!«

»Hm – ja, das heißt, nein. Hm – ich geh.«

Boohoo machte sich auf den Weg. Seine kurzen Beine bewegten sich immer schneller. Er lief durch gelbe Blumen und nieste und nieste, aber trotzdem lief er immer weiter zum Fluss hin. Dann – platsch! Im Wasser war er. Er schwamm schnell unter Wasser und war im Nu bei der Antilope und den Krokodilen. Seine Augen strahlten.

»Hier bin ich, Dic-Dic! Ich kann wie ein Fisch schwimmen.« Er drehte seinen Kopf schnell um und sagte scharf: »Ihr Krokodile! Bleibt weg von hier! Sonst beiße ich euch! Meine Tante hat einmal ein Krokodil gebissen. Das war das!« Er schaute über seine Schulter zurück. Dic-Dic kämpfte weit hinter ihm gegen die Strömung an. »Geht's? Oh, ich bin zu schnell. Ich vergesse immer, wie gut ich schwimmen kann.«

Ein besonders böse aussehendes Krokodil schoss auf sie zu.

Dic-Dic ging so nah an Boohoo heran, wie es nur ging. Mit den Beinen schlug sie wild um sich. Boohoo öffnete sein Maul weit und brüllte. Das Krokodil entfernte sich schnell aus seiner Reichweite.

Lautlos schwamm das dritte Krokodil unter Boohoos Körper hinweg. Dic-Dic spürte die Gefahr und schrie: »Hilfe!«

Da bäumte sich der ganze Körper des Nilpferds auf. Weit unter ihm hörte man ein seltsames Geräusch. Boohoo war mit sich zufrieden: »Das dumme Krokodil – versucht unter mir durchzuschwimmen! Aber ich habe es getreten – genau in der Mitte. Ich kann mir nicht denken, dass es das mochte. Nilpferde können ganz schön stark treten, weißt du!«

Er schwamm ans Ufer. »Bleib neben mir. Wir sind fast da. Bald wirst du wieder Grund unter den Füßen finden.«

Dic-Dic stieg erschöpft ans Ufer.

»Guter alter Boohoo!«, riefen Twiga und Toto und Punda gleichzeitig.

Boohoo blinzelte. »Oh, was ist los? Hm. Oh ja, es wird ihr bald wieder gut gehen.«

Dic-Dic stellte ihre kleinen Hufe vor Boohoos Vorderbeine und schaute zu ihm hoch. »Danke, Boohoo, lieber alter Boohoo.«

Boohoo blinzelte wieder mit den Augen, und seine Mundwinkel bewegten sich zu einem verlegenen Lächeln. »Hm – ich wollte sagen, sprich nicht darüber, Dic-Dic.« Dann sah man Verwunderung auf seinem Gesicht. »Hm – hast du bemerkt, dass meine Nase jetzt gar nicht verstopft ist? Das ist gut.«

»Buana Daudi«, sagte M'gogo, »wir wissen, dass man Pocken behandeln kann. Aber gibt es in deiner Geschichte auch eine Medizin für Selbstmitleid?«

Gulu erhob sich in seinem Schubkarren. »Hilf einem anderen. Das ist die Medizin, die dir hilft, aufzuhören, über dich selbst nachzudenken.«

Liso streckte ihren Arm aus und berührte Daudi. »Es ist ebenfalls eine gute Medizin, andere Menschen zu ermuntern, statt ihnen ständig etwas vorzujammern.«

Ein Bote aus dem Krankenhaus kam zu Daudi.

»Ich komme«, antwortete er.

M'gogo ging neben ihm her. »Großer, ich danke dir für das, was du heute erzählt hast. Ich habe viele Dinge verstanden.«

»Prima«, sagte Daudi. »Erinnere dich daran, dass Gott seine eigenen Kinder nie unnötig leiden lässt. Es gehört alles zu seinem großen Plan, den er mit uns hat. Sorgen, Schwierigkeiten oder Schmerzen – sie können zwei Dinge in uns bewirken: Sie können uns stark machen, oder wir können dadurch bitter werden.«

Schlechter Tausch für Waddel

»Hunderte von Menschen haben sich impfen lassen«, sagte Tembo. »Ist euch irgendetwas an ihnen aufgefallen?«

Die Kinder schauten sich gegenseitig an. Nach einer Pause begann M'gogo zu sprechen. »Keiner von ihnen wurde krank.«

Tembo nickte energisch. »Nicht ein Einziger. Aber wer nicht geimpft war ...« Er schüttelte seinen Kopf.

»Hongo«, sagte Yuditi, »hier kommt Buana Daudi. Er sieht müde aus.« Sie ging ihm entgegen. »Habt ihr viel Arbeit ihm Krankenhaus?«

Daudi hielt einen Brief hoch und schüttelte den Kopf. »Dieser Brief stammt von Mpesa, der auf der anderen Seite des Flusses wohnt.«

»Kah! Er denkt immer nur an Geld, Buana.«

»Ja«, antwortete Daudi. »Vor ein paar Tagen erhielt ich einen Brief von ihm: ›Nächste Woche werde ich kommen, um mich impfen zu lassen. Doch zunächst muss ich noch die Gelegenheit nutzen, drei Kühe zu verkaufen. Ich werde dadurch viel Geld einnehmen.‹ Doch inzwischen ist etwas passiert ...«

Die Kinder saßen mit offenem Mund da. »Ist er ...?«

»Ja«, nickte Daudi. »Die Pocken suchten ihn heim, während er nur an das Geld dachte.«

Daudi setzte sich. »Vergesst das nie. Und damit ihr euch besser daran erinnern könnt, will ich euch noch die Geschichte von Waddel, dem Entchen, erzählen.«

Boohoo, das Nilpferd, hatte das ganze Maul voller Wurzeln von Wasserlilien. Er strengte sich an, um sie schnell hinunterzuschlucken. Seine Nüstern wurden immer größer. Aber alles, was er sagen konnte, war: »Hm – pass auf!«

Es war nicht laut genug, dass es Waddel hören konnte. Und Mbisi, die Hyäne, lief schon zu ihm hin.

»Oh nein«, seufzte Boohoo. »Wie schade. Dieses kleine süße Entchen.«

Die Zähne der Hyäne waren nur ein paar Zentimeter von den Schwanzfedern des Entchens entfernt. Da flog die kleine Ente schnell in die Luft, während Mbisi daran vorbeischoss und platsch! Kopf voran im Schlamm landete.

Das Entchen flog glücklich davon und quakte: »Nützlich, so ein paar Flügel, wie?«

Die Hyäne ging laut schimpfend davon. Waddel ließ sich wieder hinunter und landete sanft neben Boohoo im Wasserlilienteich und quakte: »Die hatte wohl gedacht, sie würde mich kriegen, was?«

»Oh – hm – ja, und ich – auch«, gab Boohoo zu. »Ich versuchte, dich zu warnen, als ich das Maul ganz voll hatte. Darum konntest du auch nichts hören.«

Waddel schüttelte sich. »Ich brauchte nur mit einem Flügel zu schlagen, und die Hyäne landete im Schlamm. Doch wie gern hätte ich so brauchbare Beine wie du, Boohoo. Das würde mir beim Würmersuchen ganz schön helfen.«

Boohoo blinzelte.

Das Entchen quakte weiter: »Ich denke mir immer, dass Nilpferde freundliche Tiere sind.«

Boohoo betrachtete es mit halb offenem Maul und sagte dann: »Hm – sehr lieb von dir. Was soll ich für dich tun?«

Waddel versuchte, unschuldig auszusehen, und sagte: »Ich habe großen Hunger, und ich mag nichts lieber auf der ganzen Welt als Würmer.«

»Hm – Würmer?«, murmelte Boohoo. »Ich meine eigentlich, dass Wasserlilien besser schmecken und nahrhafter sind. Ich fresse nie Würmer, hm – ich meine …«

»Wärst du so lieb und würdest du einem kleinen hungrigen Entchen einen Gefallen tun? Du brauchst nur durch das schlammige Ufer zu gehen.«

»Hm«, fragte Boohoo. »Im Schlamm herumgehen? Aber sicher, Waddel. Ich mag Schlamm. Das tut meinen Füßen so gut.«

Weit oben in der Luft zog Vibi, der Geier,

Kreise über ihnen. Er schmiedete böse Pläne. Er schaute zu, wie Boohoo langsam am Flussufer entlangging und wie Waddel begeistert Würmer in seinen Fußstapfen suchte.

Boohoo machte eine Pause im Schatten und schaute dem Entchen lange zu, bis ein kleines trauriges Gesicht zu ihm aufschaute. »Ich habe nur zwei Würmer gefunden, und Würmer sind meine Lieblingsnahrung. Ich mag sie mehr als alles in der Welt.«

Waddel steckte seinen Schnabel unter seinen Flügel, um ihn zu säubern, und eine Feder flog auf die Erde. Vibi sah das alles. Plötzlich kreischte der Geier: »Das ist die Antwort! Würmer gegen Federn!«

Der Geier flog herunter und setzte sich neben Mbisi, die Hyäne. »Warum fängst du das Entchen nicht?«, fragte er böse.

»Wie soll ich es denn fangen?«, sagte Mbisi schnippisch. »Warum fängst du es nicht, Kluger? Seine blöden Flügel schlagen mir immer wieder ein Schnippchen.«

Der Geier bewegte nachdenklich den Kopf. »Du hast recht! Überlass es mir. Ich weiß, wie man mit Flügeln umgeht.«

Zwei Tage später beobachtete Vibi das Entchen, wie es müde den Weg entlangwatschelte. Es kam von seiner Würmersuche zurück. Völlig erschöpft ließ es sich in den Wasserlilienteich gleiten. »Nicht einen einzigen Wurm habe ich heute gefunden«, quakte es traurig. »Nicht einen einzigen, um meinen Magen zu befriedigen.«

Eine listige Stimme kam aus dem Schatten: »Meinst du so etwas mit Würmern?«

Begierig schaute das Entchen auf die großen Würmer, die auf einem Bananenblatt ausgebreitet vor ihm lagen. Es sah kaum, dass es der Geier war, der das Bananenblatt in seinen Krallen hielt. Gierig quakte es: »Würmer! Schnell! Gib sie mir!«

»Langsam«, hörte es nun die Stimme des Geiers. »Willst du Würmer? Hier sind sie. Ich brauche dafür Federn für einen Freund von mir. Flügelfedern und Schwanzfedern.«

»Das ist ja ganz einfach«, quakte Waddel, während es nur an die Würmer auf dem Bananenblatt dachte. »Du gibst mir Würmer, und ich gebe dir Federn.«

»Einverstanden«, sagte Vibi schnell. »Drei Würmer für eine Flügelfeder oder eine Schwanzfeder.«

Waddel nickte begierig und schluckte den ersten Wurm hinunter. »Herrlich!«

Vibi zog die erste Feder aus. Waddel bemerkte es kaum, genauso wenig die nächsten, die folgten. Denn jeder Wurm schmeckte besser als der vorhergehende. Die ganze Zeit über war Vibis Stapel gewachsen, aber das Entchen achtete nicht auf die Veränderungen an seinem Schwanz oder seinen Flügeln.

In einiger Entfernung saß die Hyäne und leckte sich die Lippen. Als sie sah, dass sich das Entchen nur für die Würmer interessierte, kroch sie immer näher und blieb im Schatten stehen. Sie dachte, es wäre ein großer Stein, der den Schatten warf.

Sachte zog Vibi eine Feder nach der anderen aus, während Waddel einen Wurm nach dem anderen fraß. Als es den letzten Wurm hinuntergeschluckt hatte, rieb es zufrieden den Bauch mit dem Flügel, der weiter vom Geier entfernt war. Es fiel ihm nicht auf, dass der andere Flügel nur aus kleinen Federchen bestand.

»Herrlich«, murmelte es, »diese Würmer.«

Mbisi, die Hyäne, kam aus dem Schatten heraus ins Sonnenlicht. Sie lachte so hämisch, dass das Entchen sofort eine Gänsehaut bekam. »Herrlich, diese Würmer, was? Diese Würmer werden dir guttun, Waddel!«

Waddel schlug verzweifelt mit den Flügeln, doch es gelang ihm diesmal nicht, in die Luft zu fliegen. Es drehte sich nur wie wild im Kreis.

Mbisi schoss auf es zu, und die Zunge hing ihr weit heraus.

Boohoo hatte in der Zeit ein Schläfchen im Wasserlilienteich gehalten. Gerade jetzt öffnete er die Augen und verstand, was da vor sich ging. »Oh nein«, murmelte er. »Das ist ja traurig. Warum hat es das nur getan?«

Die ganze Zeit über hatte sich Mbisi Waddel immer mehr genähert. Sie machte ihre roten Pfoten ganz groß und schrie: »Und nun werde ich eine kleine Entenmahlzeit haben!«

Sie wollte gerade zupacken, als der große »Stein« auf sie zukam.

»Oh«, atmete Boohoo erleichtert auf, »da ist ja der Elefant. Hm …!«

Nhembos Rüssel schoss heraus, packte die Hyäne am Schwanz und hielt sie fest. Und Nhembo, der Elefant, sagte mit seiner tiefen Stimme: »Nein, das wirst du nicht!«

Mit einem einzigen Ruck ließ die Hyäne alle Haare ihres Schwanzes zurück. Und sie und Vibi verschwanden schnell im dunkelsten Teil des Dschungels.

Ein sanfter Laut kam vom Elefanten. Er lehnte sich nach vorn und berührte mit seinem Rüssel sachte den Schnabel des Entchens. »Sind Würmer wirklich wichtiger als alles andere in dieser Welt, Waddel?«

Waddel zitterte.

Nhembo nickte. »Was nützt es dir, wenn du …le Würmer der Welt hättest, wärst aber am …ss eine tote Ente?«

Lange war es ganz still. Keiner sagte etwas. Dann sagte Tembo: »Hongo! Das wäre beinahe schiefgegangen.«

Daudi nickte. »Für Waddel waren es die Würmer. Für andere können es ganz andere Sachen sein. Aber erinnert euch daran, dass in der Bibel die wichtige Frage steht, was es einem Menschen helfen würde, wenn er die ganze Welt gewönne, aber seine eigene Seele verlorenginge? Gott möchte von uns, dass wir diese Frage beantworten.«

Wieder war es lange still. Dann sagte M'gogo: »Buana, was für eine Antwort hast du Gott darauf gegeben?«

Daudi setzte sich näher zu den Kindern. »Ich habe Jesus um Vergebung gebeten.«

»Was hast du denn gesagt, Großer?«, fragte Tali.

»Ich betete: ›Bitte, Herr Jesus, vergib mir meine Sünden. Bitte, gib mir ewiges Leben, und hilf mir hier auf der Erde so zu leben, wie du es möchtest!‹«

»Hat es geklappt?«, fragte Kali.

»Ja. Weißt du, tief innen wusste ich genau, dass ich von der Sünde gefangen war. Mein Herz und mein Kopf sagten mir, dass ich mich dazu entschließen musste, Gott die Führung meines Lebens zu übergeben.«

»Kah!«, sagte M'gogo. »So einfach ist das doch gar nicht! Oft wissen wir nicht, was Gott von uns will.«

»Das ist richtig«, stimmte Daudi zu. »Deshalb gibt

uns Gott seinen Heiligen Geist, der uns immer hilft, die Bibel zu verstehen, und uns Kraft gibt, wenn wir versucht werden.«

Gulu schüttelte langsam den Kopf. »Es ist schwer, ›Nein‹ zu sagen, wenn man sündigen will. Es ist sehr schwer, das zu tun, was Gott von uns will, und das andere zu lassen.«

Daudi nickte. »Aber Gott erwartet nicht, dass du das allein schaffst. Drückt dich diese Last zu sehr?«

Liso lachte plötzlich: »Die Bibel sagt auch, dass Gott uns nicht mehr zumutet, als wir tragen können.«

Daudi stand auf und schaute jedem einzeln ins Gesicht. »Eure Seele ist das Wichtigste, was ihr habt. Ihr wisst, dass es für jeden Menschen am wichtigsten ist, dass er weiß, dass sie gerettet ist.«

Man hörte, wie Gulus Gipsbein gegen den Schubkarren schlug.

»Yoh!«, sagte er. »Ich bin froh, dass ich das jetzt weiß. Meine Seele ist nun auch gerettet.«

»Und meine auch«, gestand Liso fröhlich.

Daudi lächelte ihnen zu. »Ich freue mich mit euch. Aber ihr seid noch nicht am Ende angekommen. Diese Entscheidung ist erst der Anfang. Ein weiser Mann schrieb einmal folgenden Satz: ›Der Eintritt für das Königreich Himmel kostet nichts! Aber der jährliche Beitrag muss unbedingt bezahlt werden!‹«

Paul White

Dschungeldoktor auf Safari

dlv

128 Seiten, Taschenbuch
ISBN 978-3-86699-111-8

Wenn Paul White – der Dschungeldoktor – auf gefährlichen, halsbrecherischen Fahrten durch den Dschungel unterwegs ist, muss er ständig mit unliebsamen Überraschungen rechnen! Zum einen geht immer wieder sein Auto kaputt – und dann bleiben ihm auch bedrohliche Begegnungen mit wilden Tieren nicht erspart. Aber es gibt auch viele lustige Erlebnisse und Erfahrungen, von denen er erzählen kann. Bei alldem wird deutlich, dass ein allmächtiger und liebevoller Gott auf ihn achthat …

Paul White

Dschungeldoktor auf Löwenfährte

160 Seiten, Taschenbuch

ISBN 978-3-86699-112-5

Fast hätte es ihn das Leben gekostet! Denn Simba – der afrikanische Löwenjäger – war schon ein Todgeweihter, als er bei einem Kampf mit dem »König der Tiere« schwer verwundet wurde. Doch glücklicherweise kam gerade da Paul White, der Dschungeldoktor, ins Dorf. Durch seine Bemühungen wird Simba gesund und zu einem zuverlässigen Helfer des Dschungeldoktors.

Helen Santos

Kalebs Lamm

112 Seiten, Taschenbuch
ISBN 978-3-89397-570-9

»Kaleb spürte den wilden Herzschlag des Lammes gegen seine eigene Brust. Es musste schreckliche Angst haben. ›Ruhig! Ganz ruhig!‹, murmelte er. Er streichelte den kleinen Körper mit seinen zerkratzten und wunden Händen und versuchte, das verängstigte Tier zu beruhigen. Das Lamm hörte auf, sich zu wehren. Vielleicht erinnerten Kalebs Hände es an die ersten schönen Augenblicke seines Lebens, als seine Mutter es mit der Nase betastet, es abgeleckt und seinen Körper gewärmt hatte.« So beginnt ein ganz neues Kapitel im Leben des Hirtenjungen Kaleb, der bisher die Schafe aus tiefstem Herzen gehasst hat. Das Lamm, das er vor dem sicheren Tod rettet, gewinnt seine Liebe und verwandelt ihn von Grund auf. Und eines Tages rettet es ihm das Leben …